Excel在会计与财务中的应用

EXCEL ZAI KUAIJI YU CAIWU ZHONG DE YINGYONG

主　编◎梁少林　吴　杉　翟娟娟

副主编◎马淑燕　邓　鑫　杨　波　李爱民

西南财经大学出版社
Southwestern University of Finance & Economics Press
中国·成都

图书在版编目(CIP)数据

Excel 在会计与财务中的应用/梁少林,吴杉,翟娟娟主编;马淑燕等副主编.—成都:西南财经大学出版社,2022.8(2024.7 重印)
ISBN 978-7-5504-5478-1

Ⅰ.①E… Ⅱ.①梁…②吴…③翟…④马… Ⅲ.①表处理软件—应用—会计②表处理软件—应用—财务管理 Ⅳ.①F232②F275-39

中国版本图书馆 CIP 数据核字(2022)第 140223 号

Excel 在会计与财务中的应用

主 编 梁少林 吴 杉 翟娟娟
副主编 马淑燕 邓 鑫 杨 波 李爱民

策划编辑:王 琳
责任编辑:王 琳
责任校对:冯 雪
封面设计:张姗姗
责任印制:朱曼丽

出版发行	西南财经大学出版社(四川省成都市光华村街 55 号)
网 址	http://cbs.swufe.edu.cn
电子邮件	bookcj@swufe.edu.cn
邮政编码	610074
电 话	028-87353785
照 排	四川胜翔数码印务设计有限公司
印 刷	郫县犀浦印刷厂
成品尺寸	185 mm×260 mm
印 张	11.875
字 数	249 千字
版 次	2022 年 8 月第 1 版
印 次	2024 年 7 月第 3 次印刷
印 数	3001— 4000 册
书 号	ISBN 978-7-5504-5478-1
定 价	35.00 元

前言

QIANYAN

Microsoft Office Excel（简称 Excel）是一种电子表格程序，凡是计算、统计都可以使用 Excel 快速处理。Excel 可用于创建电子表格并设置其格式，分析和共享财务信息，进而做出更为理性的管理决策。Excel 可将复杂的数据分析简单化，把烦琐的数据处理程式化，使财会人员轻松应对会计与财务文档的操作。

本书结合 Excel2016 的功能特色和会计与财务工作要求，以实际案例为导向，介绍 Excel2016 的技术特点和应用方法。通过本书九个章节的学习，读者不仅可习得 Excel2016 的基本技能，而且能够熟练地运用 Excel2016 进行会计和财务工作。本书可作为高校会计、财务、审计等专业的教材使用，也可作为 Excel 爱好者的自学参考用书。

本书第 1 章介绍了 Excel2016 的基本功能、数据计算功能、数据管理功能、数据分析功能以及新增的功能。阅读这一部分，读者能够比较全面地掌握 Excel2016 的功能特色，为后面在会计和财务中的应用奠定基础。第 2~6 章介绍了 Excel2016 在会计和财务中的基础应用，包括工资管理、固定资产管理、会计凭证、会计账簿、会计报表等。第 7~8 章介绍了 Excel2016 在财务中的进阶应用，包括财务管理、财务分析等。第 9 章介绍了 Excel2016在应收账款管理中的应用，包括逾期分析、账龄分析等。

本书作者都是长期在一线从事教学、科研的同志，具有丰富的实践经验和专业理论知识，在多年的教学、实践中，注重经验的积累和知识的更新，力求将最新研究成果反映在书中。全书由梁少林提出写作大纲并统稿，各章节具体分工如下：梁少林编写第 1 章、第 9 章，吴杉编写第 2 章、第 8 章，翟娟娟编写第 3 章，马淑燕编写第 4 章，邓鑫编写第 5 章，杨波编写第 6 章，李爱民编写第 7 章。

本书在编写过程中参考了国内不少学者的相关研究成果和文献资料，在此致谢。由于编者水平有限，加之时间仓促，书中不足之处在所难免，恳请读者批评指正。

本书提供案例源文件、微视频、课件等资源，读者可扫描二维码在线观看操作过程和课程资源。编者邮箱：271126238@qq.com。

课程资源

编　者

2022 年 6 月

目录

MULU

1 Excel 应用基础

【知识目标】

（1）认识 Excel2016 的工作界面，掌握常见工具的功能和使用方法。

（2）了解工作簿、工作表、单元格、公式和函数的概念及使用方法。

【能力目标】

（1）学会使用 Excel2016 创建和编辑表格，对数据进行格式化操作。

（2）掌握 Excel2016 处理数据和分析数据的功能，可以运用公式和函数处理数据，能对表中的数据进行排序、筛选、分类汇总、统计和查询等操作。

（3）能够根据工作表中的数据快速生成相应图表，学会编辑和修改常用图表。

【思政目标】

（1）提高使用 Excel2016 处理会计数据的正确性和规范性。

（2）遵循会计职业道德，努力提高自身业务水平，在实际工作中探索会计信息化发展的意义。

1.1 Excel 基础知识

1.1.1 Excel 是什么

Microsoft Office Excel 是由 Microsoft 为使用 Windows 操作系统的计算机而编写和运行的一种电子表格程序，其主要用途是进行数据处理。其日常应用广泛，凡是需要计算、统计的数据处理都可以用 Excel 快速进行。直观的界面、出色的计算功能和图表工具再加上成功的市场营销，使 Excel 成为世界上最流行的计算机数据处理软件。到目前为止，Excel 已经有了很多版本，如 Excel1995、Excel1997、Excel2000、Excel2002、Excel2003、Excel2007、Excel2010、Excel2013、Excel2016 等。本书以 Excel2016 为例。

Excel 以其强大的电子表格数据处理功能、方便友好的操作界面，得到广大用户的青睐。其不仅提供了日常工作所需的表格处理功能，还提供了丰富的函数、卓越的图表功能、数据分析功能、辅助决策功能和通过 Web 实现协作与信息共享等功能。Excel 在财务、会计等管理工作中的应用主要有两种方式：数据表方式和图表方式。数据表方式主要以表格的形式通过设计数据模型、采集数据、对模型求解形成数据报告、分析评价等过程完成业务处理；图表方式是以图形、图表形式把数据表示出来的方法。两种方式相互结合就可以在完成数据处理、分析的同时以直观、清晰的形式把处理的结果表示出来。

Excel 为各行各业的管理者提高工作效率、提高数据处理和数据管理能力以及应用信息的能力提供了技术支持。Excel 是当前财务、会计、审计等管理人员应掌握的、必不可少的工具之一。与大型财务软件系统相比，Excel 更适合小型、灵活的数据处理和办公环境，尤其是中小企业的财务管理和会计、审计数据处理。

1.1.2 Excel 的功能

（1）简单、方便的表格制作功能。

Excel 可以方便地创建和编辑表格，对数据进行输入、编辑、计算、复制、移动、设置格式、打印等操作。

（2）强大的图形、图表功能。

Excel 可以根据工作表中的数据快速生成图表，可以直观、形象地表示和反映数据，使得数据易于阅读和评价，便于比较和分析。

（3）快捷的数据处理和数据分析功能。

Excel 可采用公式或函数自动处理数据，具有较强的数据统计分析能力，能对工作表中的数据进行排序、筛选、分类汇总、统计和查询等操作。

（4）批量处理的 VBA 编程。

VBA 是 Visual Basic For Applications 的简写形式。操作者可以使用 VBA 编程执行特定功能或进行重复性高的操作。

1.1.3 Excel2016 的工作界面

和以前的版本相比，Excel2016 的工作界面默认是绿色，支持鼠标和触摸模式，更贴近于 Windows 10 操作系统。Excel2016 取消了传统的菜单操作方式，取而代之的就是各种功能区。如图 1-1 所示，Excel2016 的界面主要由标题栏、功能区、行标识、列标识、名称框、编辑栏、工作表标签、状态栏组成。

（1）快速访问工具栏。

该工具栏位于界面的左上角，包含一组用户使用频率较高的工具，如“保存”“撤销”和“恢复”。用户可单击快速访问工具栏右侧的倒三角按钮，在展开的列表中选择其中显示或隐藏的工具按钮。快速访问工具栏右侧是标题栏，显示工作簿的名字，工作簿是用户使用 Excel 进行操作的主要对象和载体。

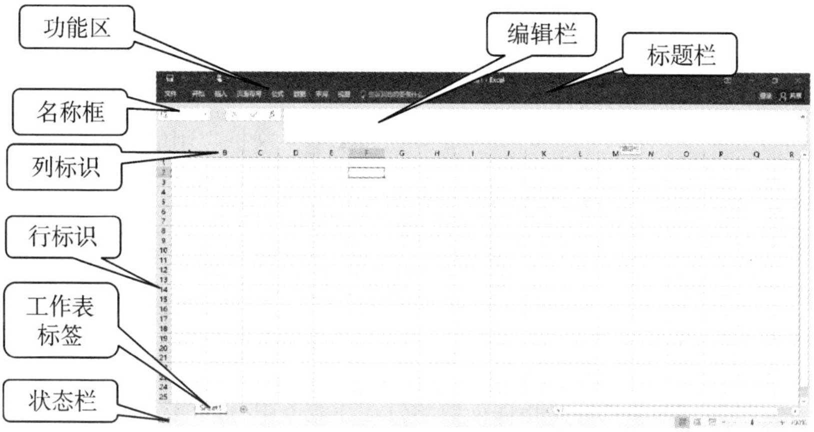

图 1-1 界面

（2）功能区。

功能区位于标题栏的下方，是一个由若干个选项卡组成的功能区，又被称为功能选项卡区域。Excel2016 将用于处理数据的所有命令组织在不同的选项卡中，单击不同的选项卡标签，可切换功能区中显示的工具命令。在每一个选项卡中，命令又被分类放置在不同的组中。组的右下角通常都会有一个对话框启动器按钮，用于打开与该组命令相关的对话框，以便用户对要进行的操作做出进一步的设置。

（3）编辑栏。

编辑栏位于功能区下方，主要用于输入和修改活动单元格中的数据或公式。当在工作表的某个单元格中输入数据时，编辑栏会同步显示输入的内容。

（4）工作表编辑区。

工作表编辑区用于显示或编辑工作表中的数据。此区域由单元格或者若干个单元格构成的区域组成。

（5）工作表标签。

窗口左下角是工作簿所包含的工作表名的标签，Excel2016 中默认只有 Sheet1 一张工作表。

（6）名称框。

名称框显示单元格或单元格区域的名称，标明目前活动单元格的地址，默认情况下由活动单元格的列号和行号构成。用户也可以通过名称管理器对活动区域的名称进行修改，方便数据的识别和管理。

1.1.4 运用 Excel 进行业务处理的过程

（1）明确要处理的业务和达到的目标，即首先要明确运用 Excel 最终要解决业务处理中的哪些问题及想要实现的目标。

（2）根据业务的要求确定解决该问题的方法（计算公式或模型）以及该方法如何在Excel中实现，即明确模型的具体形式。

（3）利用Excel工具建立已经确定的业务处理模型，这是应用能否成功的关键。一般要建立的模型包括原始数据、业务处理的数学公式、模型的约束条件等几个部分。其中，原始数据是指需要进行分析和处理的数据，这些数据可以是用户手工输入的数据，也可以是利用数据获取方法从外部数据库获得的数据；这些数据可以存放在同一个工作簿的同一个工作表内，也可以存放在同一个工作簿的不同工作表内，还可以存放在不同工作簿的工作表中。数学公式是用数学语言表示的对问题进行定量分析的公式，模型中必须用Excel的工具把数学公式表示出来。模型的约束条件是指保证数学公式在业务中有效的一些前提要求。

（4）利用Excel工具自动完成模型求解。因为通过数学公式已经建立了数据之间的动态链接，所以只要原始数据发生改变，系统就可以自动或在用户的控制下按公式进行计算，并更新计算结果。

（5）把模型的计算结果用适当的形式表示出来，对计算结果进行分析、评价，给出业务处理结果和建议，并将业务处理的结果和建议发布出来。

1.2 Excel操作对象与基本操作

1.2.1 操作对象

（1）工作簿。

工作簿是指Excel环境中用来储存并处理工作数据的文件，也就是说Excel文档就是工作簿。它是Excel工作区中一个或多个工作表的集合，其文件名后缀与版本和类型有关，Excel2016中其扩展名为:.xlsx。

（2）工作表。

工作表是数据输入、处理以及制作图表的基本操作界面。每个工作簿中包含多个工作表，最多不超过255个，在Excel2016中默认只有一张工作表sheet1。每张工作表都是由1 048 576行和16 384列组成，行的编号采用1、2、3、4、……、1 048 576，列的编号采用A、B、C、D、……、XFD。移动到工作表的第一行的快捷键是“Ctrl+↑”，移动到工作表最后一行的快捷键是“Ctrl+↓”，移动到工作表最后一列的快捷键是“Ctrl+→”。

（3）单元格。

行和列相互交叉所形成的格子被称为单元格，单元格名称由列编号加行编号进行唯一标识。单元格是工作簿文件的最小单位，用户可以在单元格内输入和编辑数据，单元格中可以保存的数据包括数字、文本和公式等内容；同一工作表中若干个相邻单元格连接成的矩形称为区域。

1.2.2 基本操作

（1）工作簿常见操作有创建工作簿、保存工作簿、恢复工作簿、打开工作簿、关闭工作簿等。

（2）工作表常见操作有插入新工作表、重命名工作表、删除工作表、移动和复制工作表、拆分和冻结工作表、保护工作表、美化工作表、打印工作表等。

（3）单元格常见操作有选中单元格、删除单元格、清空单元格、插入单元格、单元格中输入数据、自动填充、快速填充等。

1.3 Excel 公式与函数

1.3.1 公式

公式是 Excel 中的重要工具，灵活地运用公式，可以实现数据处理的自动化，可以使工作更高效、更灵活。公式可以用来执行各种运算，公式是以“=”号为引导，由运算符、常量、单元格引用、名称、函数等元素组成。

视频：公式运用

（1）运算符。

运算符是进行数据计算的基础。Excel 运算符包括算术运算符、比较运算符、文本运算符和引用运算符（见表 1-1）。

表 1-1 运算符

类型	运算符
算术运算符	+、-、*、/、%、^
比较运算符	=、>、<、>=、<=、<>
引用运算符	冒号、逗号和空格
文本运算符	&

如果公式中同时用到了多个运算符，Excel 将按一定的顺序（优先级由高到低）进行运算，相同优先级的运算符，将从左到右进行计算。若是想指定运算顺序，可运用小括号。优先级由高到低依次为：括号、引用运算符、算术运算符、文本运算符、比较运算符，每类运算符根据优先级计算，当优先级相同时，按照从左到右的规则计算。

（2）常量。

在单元格中直接输入的数据称作常量，常量常见的类型有数值、日期和时间、文本、逻辑（见表1-2）。

表1-2　数据类型

类型	举例	说明
数值	数字、百分号（%）、货币符号（如￥）、千分间隔符（,）等	数字最大可精确到15位有效数字；超出15位有效数字的数值要用文本形式来保存
日期和时间	2019/7/20、15：50	日期和时间是以一种特殊的数值形式存储的，这种数值形式被称为“序列值”
文本	部门名称、科目名称、姓名	许多不代表数量的、不需要进行数值计算的数字也可以保存为文本形式，例如电话号码、身份证号码、股票代码等
逻辑	TRUE（真或1）、FALSE（假或0）	TRUE不是1，FALSE也不是0，不是数值而是逻辑值，只不过有些时候可以把它们当成1和0来用

（3）单元格引用。

单元格的引用是把单元格的数据和公式联系起来，标识工作表中单元格或者单元格区域，指明公式中使用数据的位置。在Excel中，单元格的引用有三种方式：相对引用、绝对引用和混合引用。在默认情况下公式是相对引用，用户可以使用快捷键F4在三种引用之间进行自由切换。引用类型如表1-3所示。

表1-3　引用类型

类型	举例	特点
相对引用	A1	变
绝对引用	$A$1	不变
混合引用	$A1	一半变，一半不变

在公式中引用其他工作表的单元格区域，则可在公式编辑状态下，通过单击相应的工作表标签，然后选取相应的单元格区域。跨工作表引用的表示方式为：“工作表名+感叹号+引用区域”（使用的符号均为英文状态下的半角符号），如公式“=sheet1！$B$3:$C$84”为引用“sheet1”工作表中B3到C84区域的内容。

在公式中引用的单元格与公式所在单元格不在同一工作簿中时，其表示方式为：“[工作簿名称]工作表！单元格引用”。当被引用单元格所在工作簿关闭时，公式中将在工作簿名称前自动加上文件的路径。当路径或工作簿名称、工作表名称之一包含空格或相关特殊符号时，感叹号之前的部分需要使用一对半角单引号包含，如公式“=[实验一]Sheet1！

$A $1:$A $8”。

在公式中引用的单元格区域，可以定义为一个名称，多数名称由用户自行定义，也有部分名称可以随创建列表、设置打印区域等操作自动产生。合理地使用名称，可以方便编写公式，有增强公式的可读性、方便公式的统一修改、简化公式、可代替单元格区域存储常量数据等优点。名称默认为绝对引用，保存在工作簿中，并在程序运行时储存在 Excel 的内存中，且通过其唯一标识（名称的命名）进行调用。如：=SUM（A2：A1230），把 A2：A1230 区域定义为一个叫“金额”的名称，可以换成=SUM（金额）。

（4）公式使用中的常见错误。

在使用公式计算的过程中，常常会出现一些无法显示正确值的情况，依据错误情况的不同，Excel 返回的错误信息也不相同（见表 1-4）。

表 1-4 常见的错误值及其说明

常见错误值	说明
#####	输入单元格的数值太长，在单元格中显示不下，通过调整单元格大小来修正
#VALUE!	使用了错误的参数和运算对象类型
#DIV/0!	公式被 0 除时
#NAME?	公式中产生不能识别的文本而产生的错误值
#N/A	函数或公式中没有可用的数值而产生的错误值
#REF!	单元格引用无效
#NUM!	公式或函数中的某个数字有问题
#NULL!	试图为两个并不相交的区域指定交叉点时产生的错误值

1.3.2 函数

Excel 的函数是一些预定义的公式，它们使用一些称为参数的特定数值，按特定的顺序或结构进行计算。Excel 函数有 300 多个，分 11 类，Excel2016 中新增加了 7 个函数：IFS、MINIFS、MAXIFS、CONCAT、DATEDIF、NUMBERSTRING、DATESTRING。用户也可以自定义函数，函数的分类及常见函数如表 1-5 所示。

视频：查找函数

视频：文本与日期函数

（1）函数的基本语法。

函数名（参数 1，参数 2，……）

①函数名代表了该函数的功能，不区分大小写。

②不同类型的函数要求不同类型和不同数量的参数；多个参数之间要用半角的逗号分隔，参数可以是常量、单元格引用、函数等；当使用函数

作为另一个函数的参数时，称为函数的嵌套。

表 1-5　函数分类及常见函数

函数类型	数量	常见函数
数据库函数	13	GETPIVOTDATA
日期与时间函数	21	DATE、YEAR、WEEKDAY、DATEDIF
外部函数	2	—
工程函数	39	—
财务函数	52	PMT、PV、FV、NPV、RATE、NPER
信息函数	9	—
逻辑函数	6	IF、IFS、AND、OR
查找和引用函数	17	VLOOKUP、INDEX、LOOKUP、MATCH
数学与三角函数	60	SQRT、INT、SUM、SUMIF、ROUND、MOD
统计函数	80	COUNT、COUNTIF、AVERAGEIF、RANK
文本函数	38	TEXT、MID、LEN

（2）函数的输入方法。

如果对要使用的函数非常熟悉，可以在单元格中直接输入函数公式，一定要确保以“=”开头，系统将根据输入的函数公式自动进行计算，并把计算结果显示到该单元格中。除了直接输入函数公式外，还可以使用 Excel 提供的“插入函数”的工具完成函数的输入和使用。

①通过【开始】选项卡下面的“自动求和”按钮插入函数。

②通过【公式】选项卡下面的“插入函数”，选择对应的函数。

③选中单元格，输入“=”号，然后按照函数的语法格式输入，Excel 会有提示功能。

④通过点击编辑栏左边的“*fx*”按钮搜索函数，然后进行插入。

1.4　数据管理与分析

为了高效地获取数据，用户可以借助 Excel 的获取外部数据工具导入外部数据（图 1-2）。数据的来源主要有 Access、网页、文本文件、SQL Server，直接导入的数据可能不规范，需要进行二次处理，方便以后对数据的管理与分析。

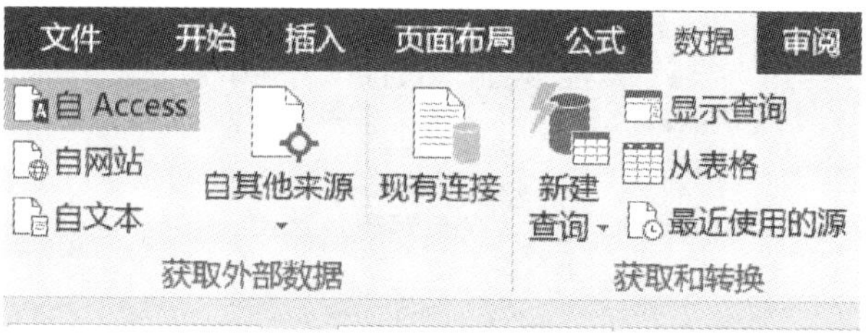

图 1-2　获取外部数据

1.4.1　数据分列

数据分列是常用的数据处理工具，它可以按照分隔符号和固定宽度把单列拆分成多列，实现对数据的快速整理；还可以实现数据类型的转换，快速处理不规范的日期。数据分列如图 1-3 所示。

视频：分列

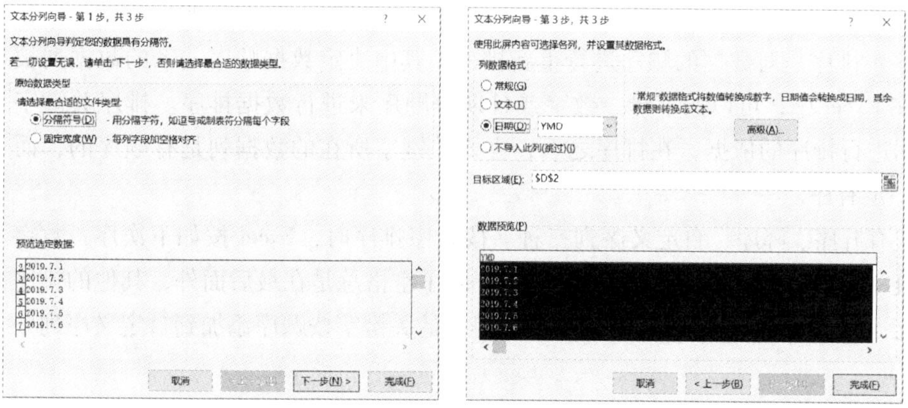

图 1-3　数据分列

1.4.2　数据验证

数据验证工具通常用来限制单元格中输入数据的类型和范围，防止用户输入无效数据，保证输入数据的正确性。除此之外，如果“允许”选择“序列”，数据验证还可以实现通过列表的方式选择数据，提高输入数据的效率。数据验证如图 1-4 所示。

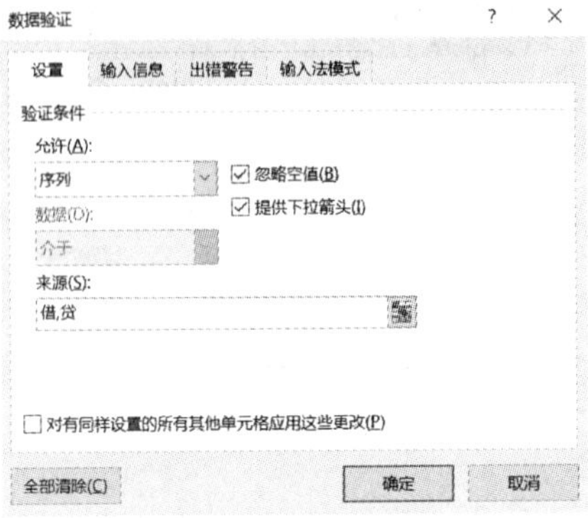

图 1-4　数据验证

1.4.3　数据排序

在日常的财务工作中，经常需要对大量的数据按某种要求进行排序，如按应发工资数额从小到大排序。排序是对数据的顺序进行重新排列，其中决定数据顺序关系的数据列被称为关键字。在 Excel 中，可以按字母、数字或日期等顺序来进行数据排序。排序关键字是 Excel 对数据进行排序的依据，在排序之后，主要关键字所在的数据列是有顺序的，而其余数据列不一定有序。

排序的方式有升序、降序、自定义序列三种。按升序排序时，Excel 按如下次序：数字→字母→逻辑值→错误值→空格；在按降序排序时，除了空格总是在最后面外，其他的排序次序与升序相反；在自定义排序时，需要先把希望得到的关键字按顺序添加到自定义序列中（见图 1-5 所示）。

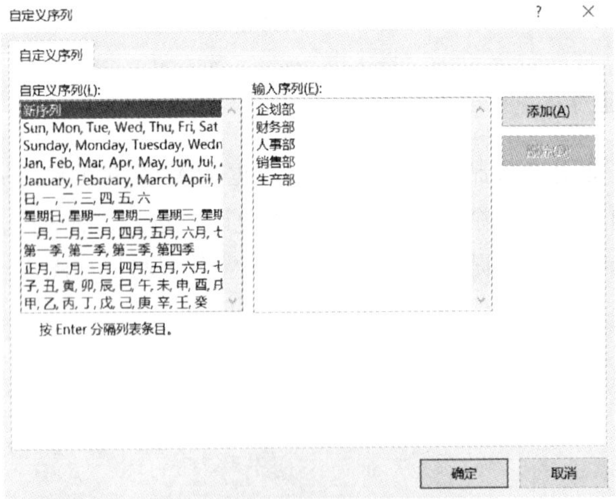

图 1-5　自定义序列

当数据表中作为关键字的数据列存在重复数据时，就需要使数据能够在具有相同关键字的记录当中再次按另一个关键字进行排列，这就是多字段排序。进行多字段排序时，只需要在“排序”对话框中添加新的关键字即可（见图 1-6）。

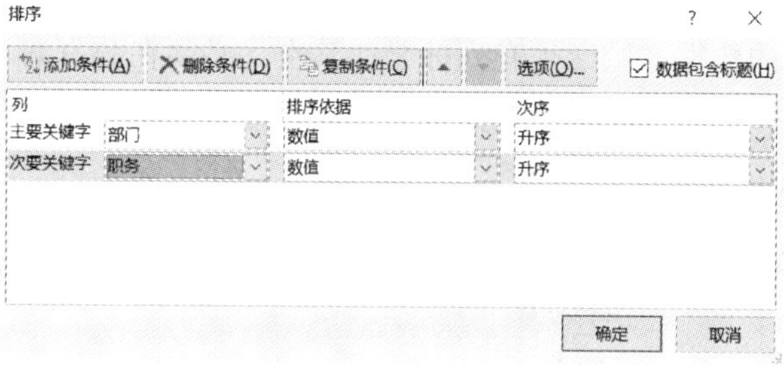

图 1-6　多列排序

1.4.4　数据筛选

财务数据往往是复杂繁多的，工作人员常常需要从海量的数据当中找出一些符合条件的数据，这时就需要利用 Excel 提供的筛选功能来实现。筛选功能可以把数据表中所有不满足条件的数据隐藏起来，只显示满足条件的数据记录。常见的数据筛选方法有自动筛选和高级筛选。

视频：高级筛选

自动筛选主要适用于单个条件、多个条件是逻辑“与”的情况下，筛选的结果会显示在源数据表上，不满足条件的记录会被隐藏。

高级筛选主要适用于多个条件的情况下，筛选结果可显示在源数据表中，也可以在新的位置显示筛选结果；高级筛选之前，需要先建立筛选条件区域，条件同行是逻辑“与”的关系，条件异行是逻辑“或”的关系（见图 1-7）。

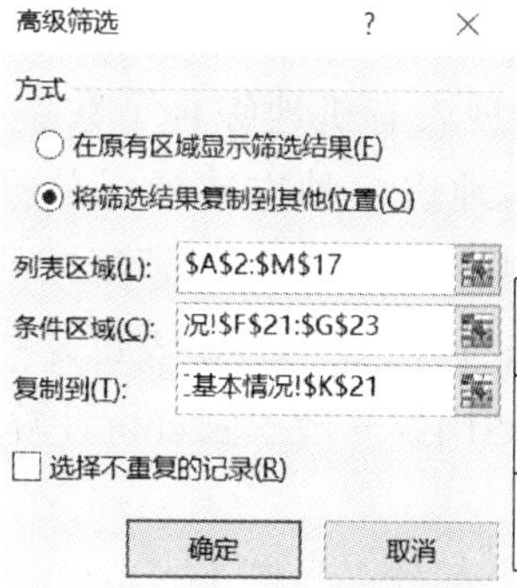

职称	工龄
高级工程师	>=10
会计师	>=10

图 1-7　高级筛选

1.4.5 数据分类汇总

分类汇总是一种在数据表中快捷地汇总数据的方法。通过分级显示和分类汇总，用户可以从大量的数据中提取有用的信息。工作人员对数据进行分类汇总时，必须确定以下内容：首先，分类汇总的数据区域必须有列标题；其次，必须在数据表中对要进行分类汇总的列进行排序，这个排序的列就是分类关键字，在进行分类汇总时，只能指定排序后的列为汇总关键字（见图 1-8）。

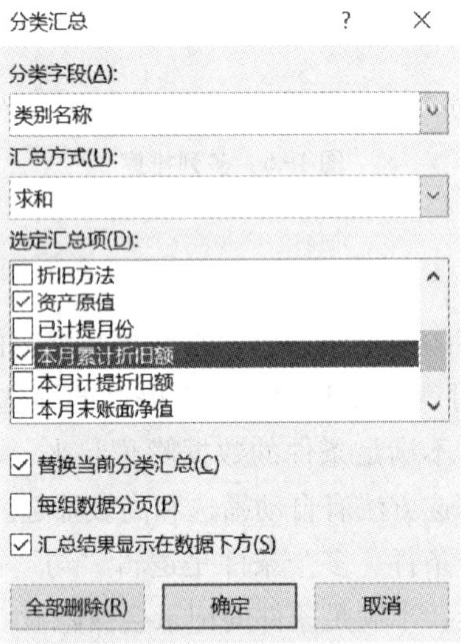

图 1-8　分类汇总

1.4.6 数据透视表

数据透视表是一种对大量数据快速汇总和建立交叉列表的交互式动态表格，能帮助用户分析、组织数据；数据透视表有机地综合了数据排序、筛选、分类汇总等数据分析的优点，可灵活地以多种方式展示数据的特征，从大量看似无关的数据中找出其背后的联系，从而将纷繁复杂的数据转化为有价值的信息，以供研究和决策所用；同时数据透视表也是解决函数公式计算速度慢的手段之一。总之，合理运用数据透视表进行计算与分析，能使许多复杂的问题简单化并且极大地提高工作效率。

视频：数据透视表

数据透视表的区域从结构上看，包含四个部分（见图 1-9）：

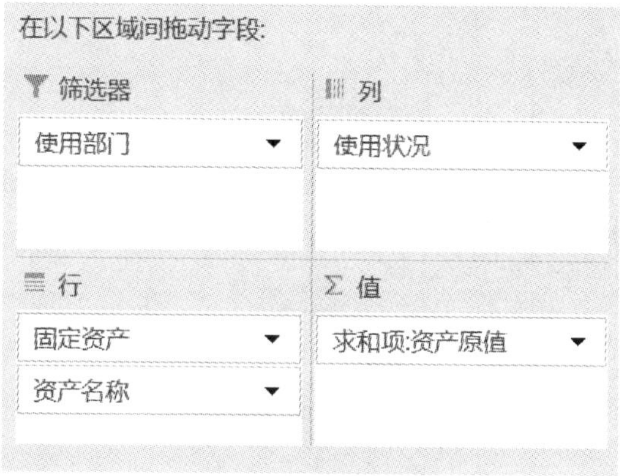

图 1-9 数据透视表

(1) 行区域。此标志区域中的字段将作为数据透视表的行标签。

(2) 列区域。此标志区域中的字段将作为数据透视表的列标签。

(3) 值区域。此标志区域中的字段将作为数据透视表显示汇总的数据。

(4) 筛选器。此标志区域中的字段将作为数据透视表的报表筛选字段。

1.4.7 图表

Excel 提供了数据表分析和图表分析两种分析方式。数据表分析方式中数据处理的结果是用数据的形式呈现的，这种形式虽然精确，但很难有直观和全面的效果。图表分析方式可以把数据在各类图表上描述出来，使用户可以直观、形象地看到数据的变化规律、发展趋势、变化周期、变化速度和变化幅度等。

Excel2016 中共提供了 14 种基本图表类型，每种基本图表类型还有多种不同的子图表类型可以选择。除此之外，Excel2016 还有 1 种组合图表可以实现复合图表，即从前面的 14 种基本图表类型中选择 2 种以上的图表进行自由组合；用户还可以使用 Excel2016 中新增的推荐的图表，也可以通过数据透视表直接得到数据透视图；另外，Excel2016 还有 3 种迷你图：折线图、柱形图、盈亏图。Excel 中的图表类型如图 1-10 所示。

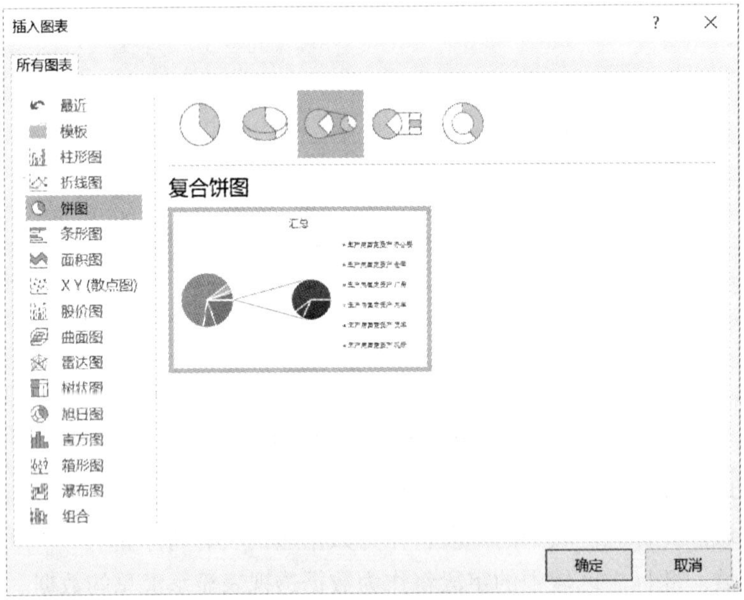

图 1-10　图表类型

图表根据保存位置可以分为嵌入式图表和图表工作表。嵌入式图表是把图表直接绘制在原始数据所在的工作表中，而图表工作表是把图表绘制在一个独立的工作表上。无论哪种图表，数据源跟图表始终是保持一致的。

1.4.8　数据分析工具

Excel 提供了非常实用的数据分析工具，利用这些分析工具，用户可解决财务管理中的许多问题，例如：模拟运算表、单变量求解、方案管理器、规划求解等。

（1）模拟运算表。

模拟运算表就是将工作表中的一个单元格区域的数据进行模拟计算，测试使用一个或两个变量对运算结果的影响，模拟运算表如图 1-11 所示。在 Excel 中，我们可以构造两种模拟运算表：单变量模拟运算表和多变量模拟运算表。

图 1-11 模拟运算表

（2）单变量求解。

单变量求解就是求解只有一个变量的方程的根，方程可以是线性方程，也可以是非线性方程。单变量求解工具可以解决财务管理中许多涉及一个变量的问题的求解。单变量求解如图 1-12 所示。

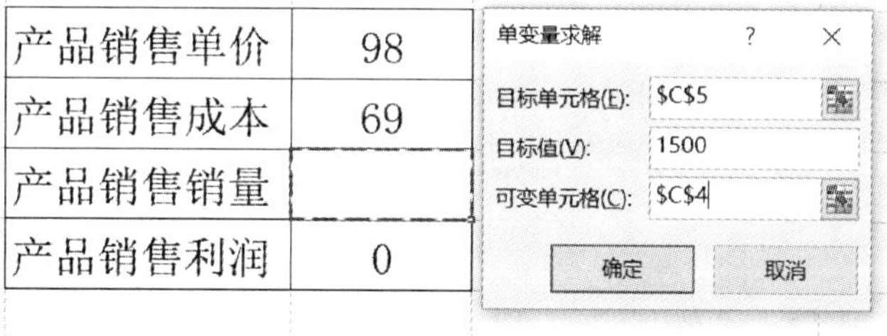

图 1-12 单变量求解

（3）方案管理器。

Excel 中的方案管理器能够帮助用户创建和管理方案。通过使用方案管理器，用户能够方便地进行假设，为多个变量存储输入值进行不同的组合，同时为这些组合命名。方案创建后可以对方案名、可变单元格和方案变量值进行修改，在“方案管理器”对话框的“方案”列表中选择某个方案后单击“编辑”按钮打开“编辑方案”对话框，使用与创建方案相同的步骤进行操作即可（见图 1-13）。

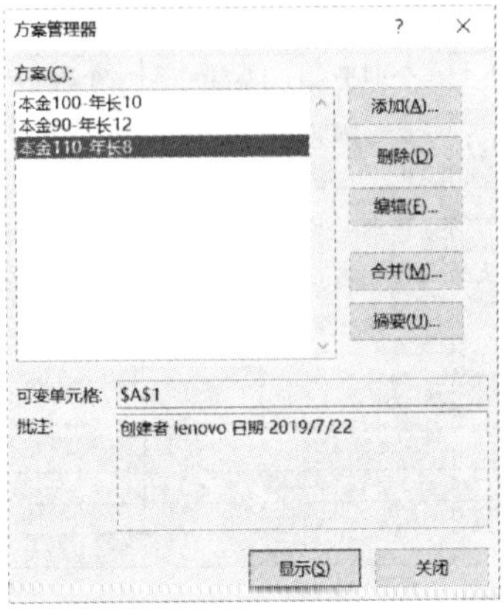

图 1-13　方案管理器

（4）规划求解。

规划求解是 Excel 的一个非常有用的工具，不仅可以解决运筹学、线性规划等问题，还可以用来求解线性方程组及非线性方程组，比如最大利润、最小成本、最优投资组合、目标规划、线性回归及非线性回归等问题。规划求解工具默认是隐藏的，用户需要通过【文件】→【选项】→【加载项】→【转到】进行勾选，从而使 Excel 中【数据】选项卡下面多出一个分析组（见图 1-14）。

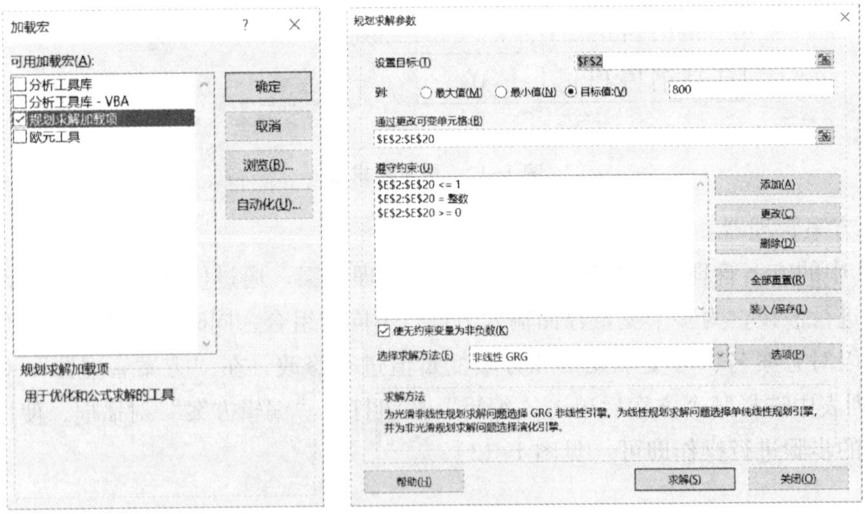

图 1-14　规划求解

2 Excel 在工资管理中的应用

【知识目标】

(1) 掌握工资核算系统的业务处理流程。

(2) 掌握工资的计算方法。

【能力目标】

(1) 学会使用 Excel2016 设计工资核算系统。

(2) 学会运用公式与函数及数据分析工具进行工资数据的汇总和查询。

【思政目标】

(1) 树立精益求精、严谨务实的工作作风，严格遵守公司内部章程。

(2) 遵守职业道德，依法办事，保守秘密，不随意泄露公司的基本情况及员工工资信息。

随着计算机的普及以及 OFFCIE 办公软件的深入应用，企业经常遇到员工的工资变动和人员变更的问题。利用 Excel 创建员工工资核算系统，将会大大减小财务人员的劳动强度，并能很好地提高工作效率。

2.1 制作工资信息表

设置工资薪酬结构一方面是为遵守国家相关法律法规，另一方面也是根据企业的实际情况采取的措施。合理的薪酬结构设置有助于加强企业内部良性竞争、激励员工，创造相对公平的薪酬机制。薪酬结构的设计，不是简单的对工资进行拆分，而是要合理地体现公司的目标或价值观。薪酬结构可大致分为以下三个类别：

(1) 基础工资类，如基本工资、职务工资。销售人员的保底工资等就是属于这类。这类工资特点是保障员工最基本的生活需求，但这个需求不是根据员工自己个人的情况，而是考虑社会成本与公司实际状况设定的。它不能低于当地最低工资水平。

(2) 绩效类工资，如绩效奖金、销售提成、年终奖、公司分红等。其特点是该员工为企业贡献相对应的价值后，公司按承诺要给的回报。绩效类工资无定态，唯一的评判标准就是完成预定目标情况。

(3) 福利类工资。福利类工资既包含法定强制福利，如五险一金、高温补助以及其他必要补助，也包含企业自愿给予员工的非法定福利，如商业保险、通信补助、交通补助、节假日津贴等。

【任务描述】

天龙公司是机械制造有限公司，公司为了体现按劳分配制度，激励员工为企业做出更大的贡献，从而调整公司的工资结构，并制定工资信息表。

【任务目标】

（1）了解工资核算表的构成及相互间的关系。

（2）了解工资核算的基本流程。

（3）理解工资管理中的常用函数。

（4）掌握工资核算系统的使用。

【任务分析】

针对上述任务，根据国家的有关法律法规、公司管理制度以及工资管理的高效性，制定员工工资信息表。

【任务分解】

本任务可以分解为以下 4 个子任务：

子任务 1：制作员工基本情况表。

子任务 2：制作各种工资计算比率表。

子任务 3：制作公司职工考勤表。

子任务 4：制作公司工资基本表。

【任务实施】

2.1.1　制作员工基本情况表

（1）员工基本情况表。

员工基本情况表中包含着员工的基本信息，是工资核算的基准，具体包含编号、姓名、部门、学历、职务、职称、参加工作时间、性别、出生年月、身份证号码、联系电话、银行账号（见图 2-1）。

视频：数据验证

公司职工基本情况一览表

编号	姓 名	部门	学历	职务	职称	参加工作时间	性别	出生年月	工龄	身份证号码	联系电话	银行账号
101	段正淳	企划部	本科	经理	高级经济师	1995年4月	男	1975-5-5	24			621700332004765XXXX
102	王语嫣	企划部	硕士	秘书	其他	2015年8月	女	1995-8-6	4			621700332004765XXXX
201	慕容博	财务部	专科	部长	高级会计师	1993年3月	男	1973-3-7	26			621700332004765XXXX
202	钟灵	财务部	本科	干事	会计师	2014年5月	女	1994-5-8	5			621700332004765XXXX
301	刀白凤	人事部	本科	部长	经济师	1995年10月	女	1975-10-9	24			621700332004765XXXX
302	段誉	人事部	专科	干事	其他	2015年2月	男	1995-2-10	4			621700332004765XXXX
401	苏星河	销售部	专科	部长	工程师	1980年7月	男	1960-7-11	39			621700332004765XXXX
402	丁春秋	销售部	专科	干事	其他	1985年5月	男	1965-5-12	34			621700332004765XXXX
403	木婉清	销售部	其它	干事	其他	2015年6月	女	1995-6-13	4			621700332004765XXXX
501	乔峰	生产部	博士	部长	高级工程师	2012年4月	男	1992-4-14	7			621700332004765XXXX
502	阮星竹	生产部	硕士	组长	工程师	1998年9月	女	1978-9-15	21			621700332004765XXXX
503	郁光标	生产部	专科	组长	工程师	1995年5月	男	1975-5-16	24			621700332004765XXXX
504	朱丹臣	生产部	其它	工人	其他	2009年11月	男	1989-11-17	10			621700332004765XXXX
505	高升泰	生产部	其它	工人	其他	2008年12月	男	1988-12-18	11			621700332004765XXXX
506	崔百泉	生产部	其它	工人	其他	2007年4月	男	1987-4-19	12			621700332004765XXXX

图 2-1　员工基本情况表

（2）制作员工基本情况表。

①打开 Excel，根据公司情况输入表头内容。

②按常规方法输入员工编号和姓名。

③输入部门名称。

首先，选择要输入部门的范围，选择菜单“数据”，单击面板中的“数据验证”按钮，选择“数据验证”，弹出“数据验证”对话框（见图 2-2）。

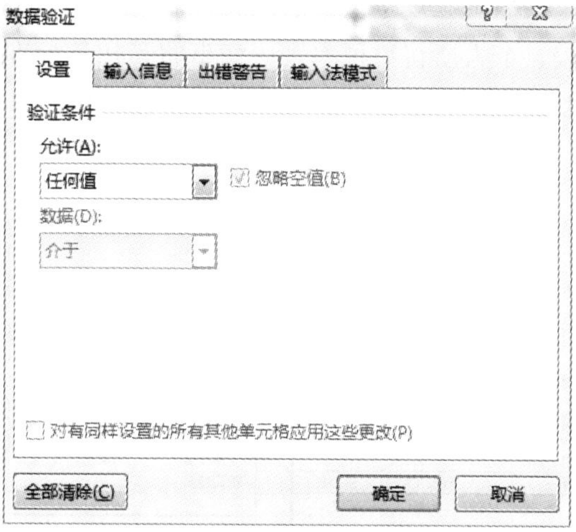

图 2-2 “数据验证”对话框

其次，在“设置”选项卡中，单击下拉按钮，选择“序列”，并在来源中输入“企划部，财务部，人事部，销售部，生产部”（见图 2-3）。

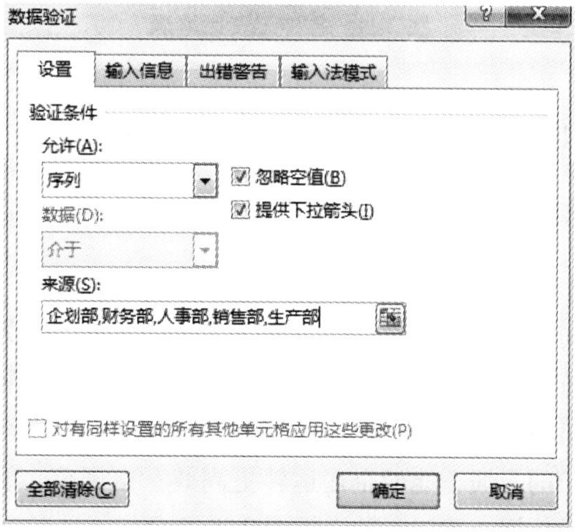

图 2-3 设置部门序列

最后，单击“确定”按钮，此时选择表中部门栏出现部门下拉列表，直接选择即可。

④同上步骤输入学历、职务、职称的相关信息。

⑤使用常规方法输入其他的信息。

2.1.2 制作各种工资计算比率表

（1）比率表。

在工资核算系统中，根据国家规定及企业的管理制度制定相关的比率表，主要有社会保险及住房公积金比率表、个人所得税税率表、病事假等扣款标准、工资费用分配表、学历工资分配表、职务补贴、职称补贴等。各种工资比率表如图 2-4 所示。

工资计算各种比率表

社会保险及住房公积金比率表

项目	扣缴比例	
	单位	个人
养老保险	20%	8%
医疗保险	10%	2%
失业保险	2%	1%
住房公积金	8%	8%

病事假等扣款标准

出勤情况	每天扣款
全勤	奖励300元
病假	半天工资
事假	全天工资
旷工	三天工资

职务补贴

职务	岗位工资	交通补贴
经理	6 000	200
秘书	3 000	300
部长	5 000	200
干事	2 500	300
组长	3 500	80
工人	2 000	80

个人所得税税率表

减除费用	5000		
应税所得额	=应发合计-减除费用		
级数	全月应纳税所得额（含税）	税率（%）	速扣数
1	不超过3 000元的部分	3	0
2	超过3 000元至12 000元的部分	10	210
3	超过12 000元至25 000元的部分	20	1 410
4	超过25 000元至35 000元的部分	25	2 660
5	超过35 000元至55 000元的部分	30	4 410
6	超过55 000元至80 000元的部分	35	7 160
7	超过80 000元的部分	45	15 160

工资费用分配表

项目	扣除比例
工会经费	2%
教育经费	8.0%

学历工资分配表

学历	基本工资
博士	5 000
硕士	4 000
本科	3 000
专科	2 000
其他	1 200

职称补贴

职称	职称工资	住房补贴
高级经济师	1 500	600
经济师	1 000	400
高级会计师	1 500	600
会计师	1 000	400
高级工程师	1 500	600
工程师	1 000	400
其他	500	200

图 2-4　各种工资比率表

（2）制作比率表。

按照常规方法制作即可，如图 2-4 所示。

2.1.3 制作公司职工考勤表

2.1.3.1 职工考勤表

考勤表是公司员工每天上班的凭证，也是员工工资的凭证，因为它记录了员工上班的天数。考勤表的具体内容包括迟到、早退、旷工、病假、事假、休假的情况。考勤表可以作为文本的“证据”。严格规范的考勤制度，能促使员工养成遵章守纪的习惯，能使企业运转更高效、更规范，能为管理者具体实施管理目标提供依据。职工考勤表如图 2-5 所示。

视频：考勤表

公司职工考勤表

2019年12月

编号	姓名	部门	1	2	3	4	5	6	7	8	9	10	11	12	13	14	15	16
			星期日	星期一	星期二	星期三	星期四	星期五	星期六	星期日	星期一	星期二	星期三	星期四	星期五	星期六	星期日	星期一
101	段正淳	企划部		病假	病假													
102	王语嫣	企划部								病假				事假				
201	慕容博	财务部																
202	钟灵	财务部					病假											
301	刀白凤	人事部										事假						
302	段誉	人事部																
401	苏星河	销售部																
402	丁春秋	销售部																
403	木婉清	销售部																
501	乔峰	生产部																
502	阮星竹	生产部				事假												
503	郁光标	生产部									病假							
504	朱丹臣	生产部																
505	高升泰	生产部																
506	崔百泉	生产部																

编号	17	18	19	20	21	22	23	24	25	26	27	28	29	30	31
	星期二	星期三	星期四	星期五	星期六	星期日	星期一	星期二	星期三	星期四	星期五	星期六	星期日	星期一	星期二
101															
102															
201						病假									
202															
301															
302															
401															
402			病假												
403															
501															
502															
503									病假						
504															
505															
506															

编号	请假天数统计			日工资	扣款金额
	病假	事假	旷工		
101	2	0	0	625	625
102	1	1	0	409	614
201	1	0	0	533	267
202	1	0	0	386	193
301	0	1	0	547	547
302	0	0	0	308	0
401	0	0	0	515	0
402	1	0	0	359	179
403	0	0	0	271	0
501	0	0	0	644	0
502	0	1	0	519	519
503	2	0	0	427	427
504	0	0	0	280	0
505	0	0	0	284	0
506	0	0	0	289	0

图 2-5　职工考勤表

2.1.3.2　制作职工考勤表

（1）考勤表涉及的函数。

①COLUMN（）：返回所选择的某一个单元格的列数。

②YEAR（）：返回某日期的年份。返回值为 1 900 到 9 999 之间的整数。

③MONTH（）：返回以系列数表示的日期中的月份。月份是介于 1（一月）和 12（十二月）之间的整数。

④EOMONTH（）：返回 start-date 之前或之后指定月份中最后一天的系列数。用函数 EOMONTH 可计算特定月份中最后一天的时间系列数。

⑤DAY（）：返回以系列数表示的某日期的天数，用整数 1 到 31 表示。

⑥TODAY（）：返回当前日期的系列数，系列数是 Microsoft Excel 用于日期和时间计算的日期——时间代码。

⑦WEEKDAY（）：返回某日期为星期几。默认情况下，其值为 1（星期天）到 7（星期六）之间的整数。

⑧DATE（）：返回代表特定日期的系列数。

⑨COUNTIF（）：用于计算区域中满足给定条件的单元格的个数。

（2）制作职工考勤表。

① 先按常规方法做好基本框架表（见图 2-6）。

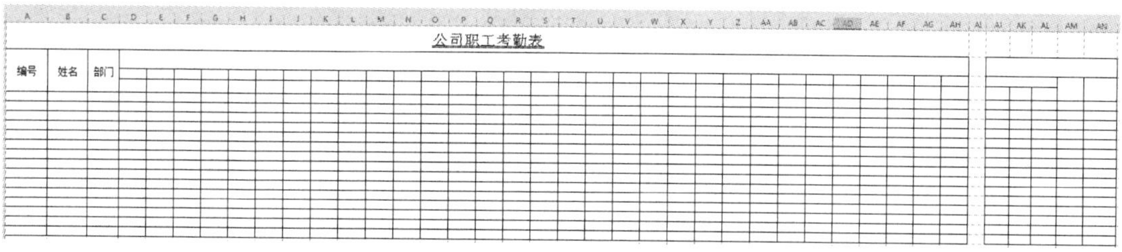

图 2-6　职工考勤表基本框架

② 选择 D2 合并单元格，输入公式“=today（）”，设置单元格日期格式为年和月。

③ 选择 A5 单元格，输入公式“=公司职工基本情况！A3”，向右拖动填充句柄，得到姓名和部门的相关内容，再向下拖动填充句柄，得到所有的相关记录（见图 2-7）。

公司职工考勤表

2020年1月

姓名	部门	1	2	3	4	5	6	7	8	9	10	11	12	13	14	15	16	17	18	19	20	21	22	23	24	25	26	27	28	29	30	31	请假天数统计			日工资	扣款金额
																																	病假	事假	旷工		
段正淳	企划部																																				
王语嫣	企划部																																				
慕容博	财务部																																				
钟灵	财务部																																				
刀白凤	人事部																																				
段誉	人事部																																				
苏星河	销售部																																				
丁春秋	销售部																																				
木婉清	销售部																																				
乔峰	生产部																																				
阮星竹	生产部																																				
郁光标	生产部																																				
朱丹臣	生产部																																				
高升泰	生产部																																				
崔百泉	生产部																																				

图 2-7 输入编号姓名和部门

④ 选择 D3 单元格，输入公式

“=IF(COLUMN(A1)<=DAY(EOMONTH($D$2,0)),COLUMN(A1),"")”，然后向右拖动填充句柄到 AH 列，求出本月的日期。

⑤ 选择 D3 单元格，输入公式

“=IF(COLUMN(A1)<=DAY(EOMONTH($D$2,0)),WEEKDAY(DATE(YEAR($D$2),MONTH($D$2),D3),1),"")”，然后向右拖动填充句柄到 AH 列，设置单元格日期格式为星期，求出本月的星期值。

⑥ 突出显示星期六和星期日，选择单元格区域 D4：AH4，选择“开始”菜单中的“条件格式”，在下拉列表中选择“管理规则”（见图 2-8）。

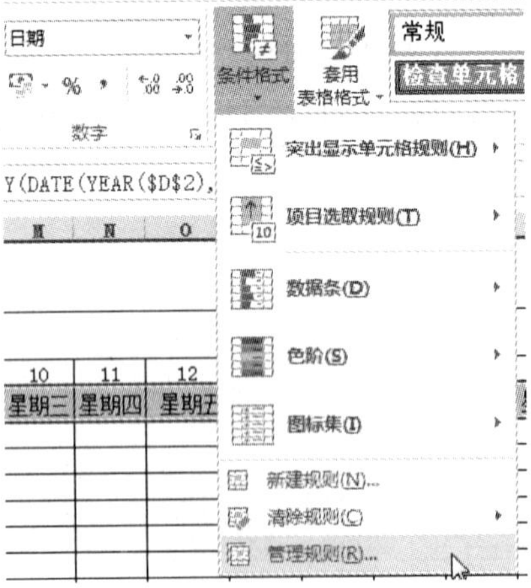

图 2-8 管理规则

在“条件格式规则管理器”选项卡中新建如图 2-9 所示的两条规则。

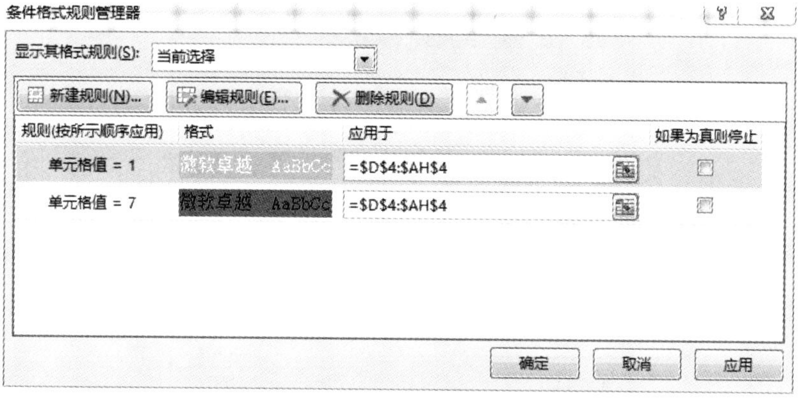

图 2-9 编辑规则

⑦ 突出显示星期六和星期日的日期，选择单元格 D3，选择“开始”菜单中的“条件格式”，在下拉列表中选择“管理规则”，单击“新建规则”按钮，选择“使用公式确定要设置格式的单元格”，在下面输入“=D4=7”，并设置相应的格式（见图 2-10）。

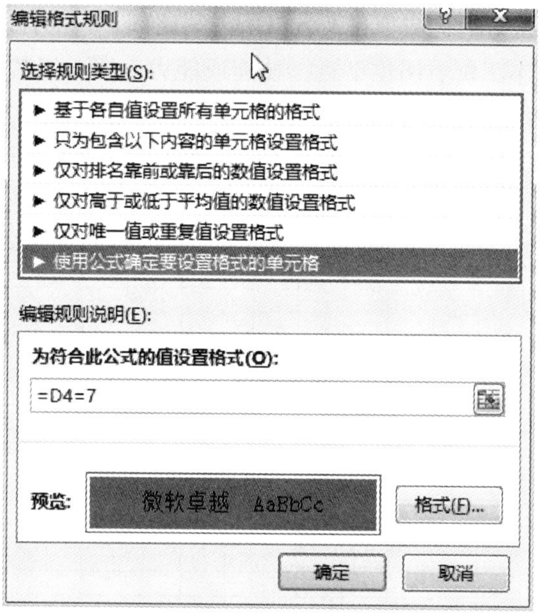

图 2-10 设置日期格式

同理设置星期日的日期格式。

⑧ 选择单元格区域 D5：AH19，用上面所讲过的“数据验证”的方法输入序列“事假，病假，旷工，出勤”（见图 2-11）。

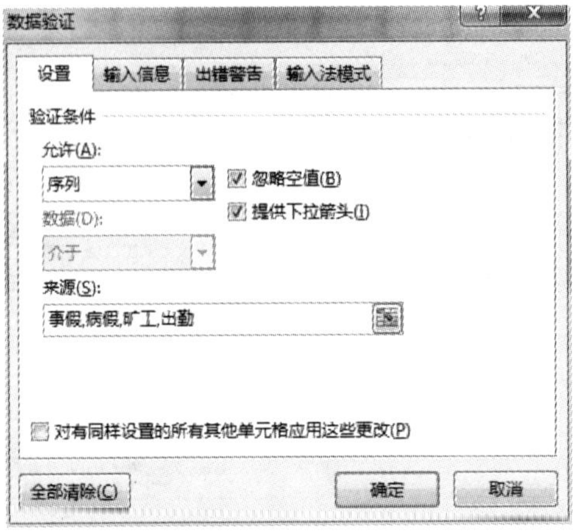

图 2-11　设置考勤内容序列

2.1.4　制作公司工资基本表

（1）工资基本结构表。

工资结构是指员工工资的构成项目及各自所占的比例。一个合理的组合工资结构应该既有固定工资部分（基本工资、岗位工资、技能或能力工资、工龄工资等），又有浮动工资部分（效益工资、业绩工资、奖金等）。工资基本表应包含公司发放的所有工资项，让员工充分了解自己工资所得的明细。工资基本结构表如图 2-12 所示。

工资基本结构表

月份	编号	姓名	部门	基本工资	职称工资	岗位工资	工龄工资	浮动工资	住房补贴	伙食补贴	交通补贴	其他补贴	奖金	应发合计	住房公积金	养老保险	医疗保险	失业保险	病事假	个人所得税	应扣合计	实发合计	日工资	备注
1月	101	段正淳	企划部	3000																				
1月	102	王语嫣	企划部	4000																				
1月	201	慕容博	财务部	2000																				
1月	202	钟灵	财务部	3000																				
1月	301	刀白凤	人事部	3000																				
1月	302	段誉	人事部	2000																				
1月	401	苏星河	销售部	2000																				
1月	402	丁春秋	销售部	2000																				
1月	403	木婉清	销售部	1200																				
1月	501	乔峰	生产部	5000																				
1月	502	阮星竹	生产部	4000																				
1月	503	郁光标	生产部	2000																				
1月	504	朱丹臣	生产部	1200																				
1月	505	高升泰	生产部	1200																				
1月	506	崔百泉	生产部	1200																				

图 2-12　工资基本结构表

（2）制作工资基本结构表。

工资基本结构的框架部分按常规做法即可，编号、姓名、部门参照上面所讲的方法即可完成。工资具体核算等在下一任务中作详细介绍。

2.2 工资核算与汇总

工资核算是指企业应支付给劳动者的劳动报酬，是企业成本费用的重要组成部分。

企业与职工之间有关劳动报酬方面的工资结算的内容为：应付工资、应扣款和实发合计数。应付工资是按照工资总额组成规定的内容及计算方法计算出来的应付给职工的工资；应扣款是指按照规定先行垫付给职工后从工资中扣回或者扣回再代付出去的款项，如住房公积金、养老保险、个人所得税等；实发合计数是指应付工资扣除应扣款后的净额。

【任务描述】

天龙公司根据公司的相关规定，对现有员工进行各项工资的核算，充分利用 Excel 的函数功能提高工作效率。

【任务目标】

（1）了解公司工资的项目组成及相关规章制度。

（2）掌握工资核算的基本内容及各项目间的关系。

（3）会使用工资核算过程中涉及的 Excel 函数。

（4）会进行工资核算系统的使用并进行相关排错。

【任务分析】

针对上述任务，根据国家的有关规定、公司管理制度以及工资管理的高效性要求，在充分掌握公司相关工资管理制度和工资各项目间的关系的前提下，充分利用 Excel 函数进行相关的操作，提高工作效率。

【任务分解】

本任务可以分解为以下 3 个子任务：

子任务 1：计算基础工资和相应补贴。

子任务 2：计算奖金和日工资。

子任务 3：计算应扣项及实发合计。

【任务实施】

2.2.1 计算基础工资和相应补贴

2.2.1.1 公司相关规定

（1）根据公司工资核算制度，基本工资与学历相对应，基本工资表如表 2-1 所示。

表 2-1　基本工资表

学历	基本工资/元
博士	5 000
硕士	4 000
本科	3 000
专科	2 000
其他	1 200

（2）职称工资与个人所取得的职称相对应，职称工资表如表 2-2 所示。

表 2-2　职称工资表

职称	职称工资/元
高级经济师	1 500
经济师	1 000
高级会计师	1 500
会计师	1 000
高级工程师	1 500
工程师	1 000
其他	500

（3）岗位工资与个人所担任的职务相对应，岗位工资表如表 2-3 所示。

表 2-3　岗位工资表

职务	岗位工资/元
经理	6 000
秘书	3 000
部长	5 000
干事	2 500
组长	3 500
工人	2 000

（4）工龄工资满整年补贴 100 元，不满整年不予补贴且封顶 1 500 元。

（5）浮动工资与工龄挂勾，满 5 年的加 200 元，满 10 年的加 300 元，其他的不加。

（6）住房补贴与职称挂勾，高级职称加 600 元，中级职称加 400 元，其他职称加 200 元。

（7）交通补贴与职务挂钩，经理 200 元，秘书 300 元，部长 200 元，干事 300 元，其他的 80 元。

2.2.1.2 涉及的函数

（1）index（）：INDEX 函数是返回表或区域中的值或对值的引用，返回特定行和列交叉处单元格的引用。

（2）match（）：返回指定数值在指定数组区域中的位置。

（3）if（）：根据指定的条件来判断其“真”（TRUE）“假”（FALSE），根据逻辑计算的真假值，从而返回相应的内容。可以使用函数 IF 对数值和公式进行条件检测。

（4）days360（）：根据一年 360 天（十二个月都是 30 天）的历法（用于某些会计计算），返回两个日期之间的天数。

2.2.1.3 计算相应的工资项

为了方便计算工资，先使用名称管理器对常用区域进行名称定义，本次只定义两个区域。具体操作如下：

（1）选择菜单中的“公式”，单击“名称管理器”，弹出“名称管理器”对话框（见图 2-13）。

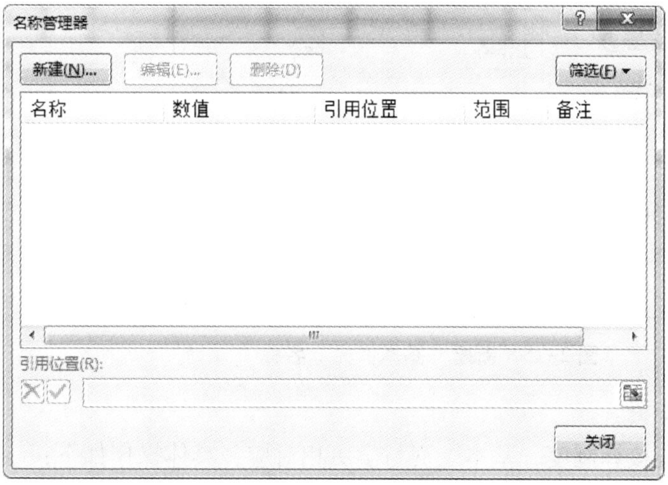

图 2-13 名称管理器

（2）单击“新建”按钮，弹出“新建名称”对话框，在名称栏中输入“编号”，在引用位置处输入“=公司职工基本情况！$A $3:$A $50”（见图 2-14）。

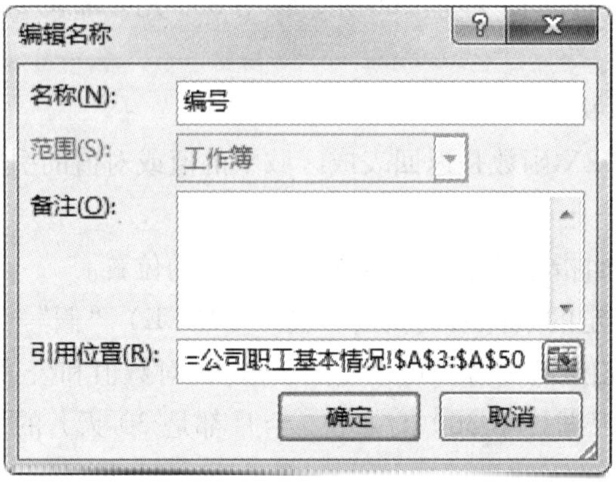

图 2-14　新建“编号”名称

（3）同理新建名称“基本情况”，引用区域为“公司职工基本情况！$A$3:$I$50”（见图 2-15）。

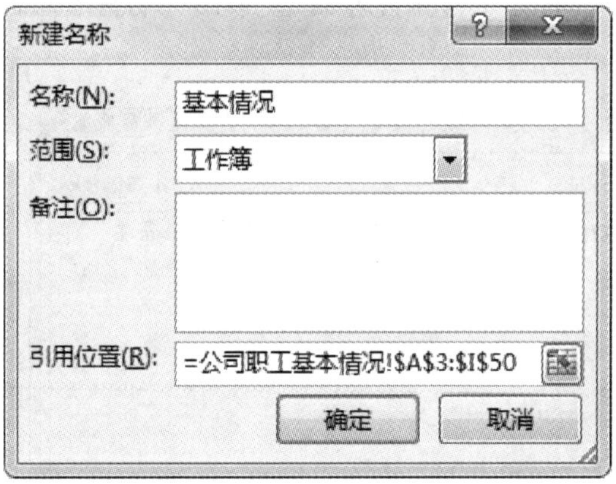

图 2-15　新建“基本情况”名称

视频：工资基本结构表

①计算基本工资。

根据公司工资核算制度，基本工资与学历相对应，具体操作如下：

第一步，选择单元格 E3，在编辑栏中输入公式：=IF(INDEX(基本情况,MATCH(B3,编号,0),4)=工资计算各种比率表！$G$18,工资计算各种比率表！$H$18,IF(INDEX(基本情况,MATCH(B3,编号,0),4)=工资计算各种比率表！$G$19,工资计算各种比率表！$H$19,IF(INDEX(基本情况,MATCH(B3,编号,0),4)=工资计算各种比率表！$G$20,工资计算各种比率表！$H$20,IF(INDEX(基本情况,MATCH(B3,编号,0),4)=工资计算各种比率表！$G$21,工资计算各种比率表！$H$21,IF(INDEX(基本情况,MATCH(B3,编号,0),4)=工资计算各种比率表！$G$22,工资计算各种比率表！$H$22,0))))),计算出其基本工资。

第二步，拖动填充句柄，求出其他人员的基本工资（见图 2-16）。

E3 =IF(INDEX(基本情况,MATCH(B3,编号,0),4)=工资计算各种比率表!$G$18,工资计算各种比率表!$H$18,IF(INDEX(基本情况,MATCH(B3,编号,0),4)=工资计算各种比率表!$G$19,工资计算各种比率表!$H$19,IF(INDEX(基本情况,MATCH(B3,编号,0),4)=工资计算各种比率表!$G$20,工资计算各种比率表!$H$20,IF(INDEX(基本情况,MATCH(B3,编号,0),4)=工资计算各种比率表!$G$21,工资计算各种比率表!$H$21,IF(INDEX(基本情况,MATCH(B3,编号,0),4)=工资计算各种比率表!$G$22,工资计算各种比率表!$H$22,0)))))

工资基本结构表

月份	编号	姓名	部门	基本工资	职称工资	岗位工资	工龄工资	浮动工资	住房补贴	伙食补贴	交通补贴	其他补贴	奖金	应发合计	住房公积金	养老保险	医疗保险	失业保险	病事假	个人所得税	应扣合计	实发合计	日工资	备注	辅助计算应税额
12月	101	段正淳	企划部	3000																					
12月	102	王语嫣	企划部	4000																					
12月	201	慕容博	财务部	2000																					
12月	202	钟灵	财务部	3000																					
12月	301	刀白凤	人事部	3000																					
12月	302	段誉	人事部	2000																					
12月	401	苏星河	销售部	2000																					
12月	402	丁春秋	销售部	2000																					
12月	403	木婉清	销售部	1200																					
12月	501	乔峰	生产部	5000																					
12月	502	阮星竹	生产部	4000																					
12月	503	郁光标	生产部	2000																					
12月	504	朱丹臣	生产部	1200																					
12月	505	高升泰	生产部	1200																					
12月	506	崔百泉	生产部	1200																					

图 2-16 计算基本工资

②计算职称工资。

根据公司工资核算制度，职称工资与个人所取得的职称相对应，具体操作如下：

第一步，选择单元格 F3，在编辑栏中输入公式：=IF(INDEX(基本情况,MATCH(B3,编号,0),6)=工资计算各种比率表！$K$14,工资计算各种比率表！$L$14,IF(INDEX(基本情况,MATCH(B3,编号,0),6)=工资计算各种比率表！$K$15,工资计算各种比率表！$L$15,IF(INDEX(基本情况,MATCH(B3,编号,0),6)=工资计算各种比率表！$K$16,工资计算各种比率表！$L$16,IF(INDEX(基本情况,MATCH(B3,编号,0),6)=工资计算各种比率表！$K$17,工资计算各种比率表！$L$17,IF(INDEX(基本情况,MATCH(B3,编号,0),6)=工资计算各种比率表！$K$18,工资计算各种比率表！$L$18,IF(INDEX(基本情况,MATCH(B3,编号,0),6)=工资计算各种比率表！$K$19,工资计算各种比率表！$L$19,IF(INDEX(基本情况,MATCH(B3,编号,0),6)=工资计算各种比率表！$K$20,工资计算各种比率表！$L$20,0))))))),计算出其职称工资。

第二步，拖动填充句柄，求出其他人员的职称工资（见图 2-17）。

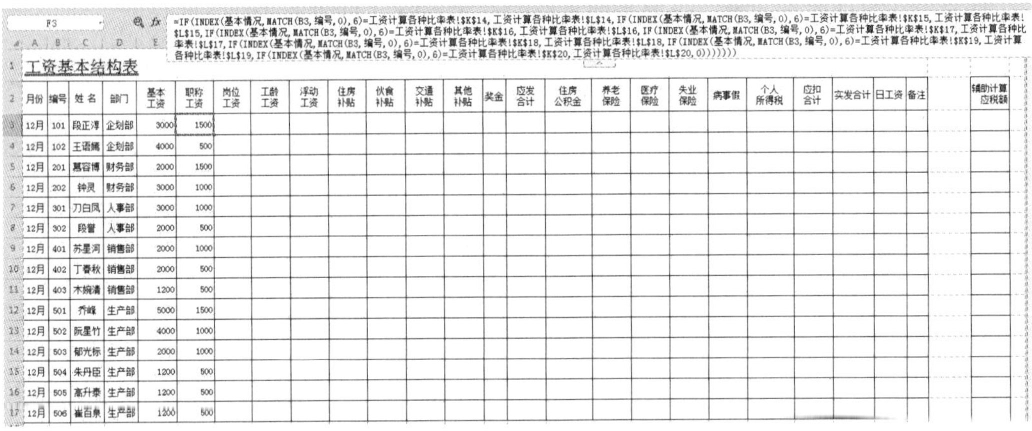
F3
=IF(INDEX(基本情况,MATCH(B3,编号,0),6)=工资计算各种比率表!$K$14,工资计算各种比率表!$L$14,IF(INDEX(基本情况,MATCH(B3,编号,0),6)=工资计算各种比率表!$K$15,工资计算各种比率表!$L$15,IF(INDEX(基本情况,MATCH(B3,编号,0),6)=工资计算各种比率表!$K$16,工资计算各种比率表!$L$16,IF(INDEX(基本情况,MATCH(B3,编号,0),6)=工资计算各种比率表!$K$17,工资计算各种比率表!$L$17,IF(INDEX(基本情况,MATCH(B3,编号,0),6)=工资计算各种比率表!$K$18,工资计算各种比率表!$L$18,IF(INDEX(基本情况,MATCH(B3,编号,0),6)=工资计算各种比率表!$K$19,工资计算各种比率表!$L$19,IF(INDEX(基本情况,MATCH(B3,编号,0),6)=工资计算各种比率表!$K$20,工资计算各种比率表!$L$20,0)))))))

工资基本结构表

月份	编号	姓名	部门	基本工资	职称工资	岗位工资	工龄工资	浮动工资	住房补贴	伙食补贴	交通补贴	其他补贴	奖金	应发合计	住房公积金	养老保险	医疗保险	失业保险	病事假	个人所得税	应扣合计	实发合计	日工资	备注		辅助计算应税额
12月	101	段正淳	企划部	3000	1500																					
12月	102	王语嫣	企划部	4000	500																					
12月	201	慕容博	财务部	2000	1500																					
12月	202	钟灵	财务部	3000	1000																					
12月	301	刀白凤	人事部	3000	1000																					
12月	302	段誉	人事部	2000	500																					
12月	401	苏星河	销售部	2000	1000																					
12月	402	丁春秋	销售部	2000	500																					
12月	403	木婉清	销售部	1200	500																					
12月	501	乔峰	生产部	5000	1500																					
12月	502	阮星竹	生产部	4000	1000																					
12月	503	郁光标	生产部	2000	1000																					
12月	504	朱丹臣	生产部	1200	500																					
12月	505	高升泰	生产部	1200	500																					
12月	506	崔百泉	生产部	1200	500																					

图 2-17　计算职称工资

③计算岗位工资。

根据公司工资核算制度，岗位工资与个人所担任的职务相对应，具体操作如下：

第一步，选择单元格 G3，在编辑栏中输入公式：=IF(INDEX(基本情况,MATCH(B3,编号,0),5)=工资计算各种比率表！$K$4,工资计算各种比率表！$L$4,IF(INDEX(基本情况,MATCH(B3,编号,0),5)=工资计算各种比率表！$K$5,工资计算各种比率表！$L$5,IF(INDEX(基本情况,MATCH(B3,编号,0),5)=工资计算各种比率表！$K$6,工资计算各种比率表！$L$6,IF(INDEX(基本情况,MATCH(B3,编号,0),5)=工资计算各种比率表！$K$7,工资计算各种比率表！$L$7,IF(INDEX(基本情况,MATCH(B3,编号,0),5)=工资计算各种比率表！$K$8,工资计算各种比率表！$L$8,IF(INDEX(基本情况,MATCH(B3,编号,0),5)=工资计算各种比率表！$K$9,工资计算各种比率表！$L$9,0)))))),计算出其岗位工资。

第二步，拖动填充句柄，求出其他人员的岗位工资（见图 2-18）。

G3
=IF(INDEX(基本情况,MATCH(B3,编号,0),5)=工资计算各种比率表!$K$4,工资计算各种比率表!$L$4,IF(INDEX(基本情况,MATCH(B3,编号,0),5)=工资计算各种比率表!$K$5,工资计算各种比率表!$L$5,IF(INDEX(基本情况,MATCH(B3,编号,0),5)=工资计算各种比率表!$K$6,工资计算各种比率表!$L$6,IF(INDEX(基本情况,MATCH(B3,编号,0),5)=工资计算各种比率表!$K$7,工资计算各种比率表!$L$7,IF(INDEX(基本情况,MATCH(B3,编号,0),5)=工资计算各种比率表!$K$8,工资计算各种比率表!$L$8,IF(INDEX(基本情况,MATCH(B3,编号,0),5)=工资计算各种比率表!$K$9,工资计算各种比率表!$L$9,0))))))

工资基本结构表

月份	编号	姓名	部门	基本工资	职称工资	岗位工资	工龄工资	浮动工资	住房补贴	伙食补贴	交通补贴	其他补贴	奖金	应发合计	住房公积金	养老保险	医疗保险	失业保险	病事假	个人所得税	应扣合计	实发合计	日工资	备注		辅助计算应税额
12月	101	段正淳	企划部	3000	1500	6000																				
12月	102	王语嫣	企划部	4000	500	3000																				
12月	201	慕容博	财务部	2000	1500	5000																				
12月	202	钟灵	财务部	3000	1000	2500																				
12月	301	刀白凤	人事部	3000	1000	5000																				
12月	302	段誉	人事部	2000	500	2500																				
12月	401	苏星河	销售部	2000	1000	5000																				
12月	402	丁春秋	销售部	2000	500	2500																				
12月	403	木婉清	销售部	1200	500	2500																				
12月	501	乔峰	生产部	5000	1500	5000																				
12月	502	阮星竹	生产部	4000	1000	3500																				
12月	503	郁光标	生产部	2000	1000	3500																				
12月	504	朱丹臣	生产部	1200	500	2000																				
12月	505	高升泰	生产部	1200	500	2000																				
12月	506	崔百泉	生产部	1200	500	2000																				

图 2-18　计算岗位工资

④计算工龄工资。

根据公司工资核算制度，工龄工资满整年补贴 100 元，不满整年不予补贴且封顶1 500 元，具体操作如下：

第一步，选择单元格 H3，在编辑栏中输入公式：=IF(公司职工基本情况！J3 * 100>1 500,1 500,公司职工基本情况！J3 * 100)，计算出其工龄工资。

第二步，拖动填充句柄，求出其他人员的工龄工资（见图 2-19）。

H3 fx =IF(公司职工基本情况!J3*100>1500,1500,公司职工基本情况!J3*100)

工资基本结构表

月份	编号	姓名	部门	基本工资	职称工资	岗位工资	工龄工资	浮动工资	住房补贴	伙食补贴	交通补贴	其他补贴	奖金	应发合计	住房公积金	养老保险	医疗保险	失业保险	病事假	个人所得税	应扣合计	实发合计	日工资	备注	辅助计算应税额
12月	101	段正淳	企划部	3000	1500	6000	1500																		
12月	102	王语嫣	企划部	4000	500	3000	400																		
12月	201	慕容博	财务部	2000	1500	5000	1500																		
12月	202	钟灵	财务部	3000	1000	2500	500																		
12月	301	刀白凤	人事部	3000	1000	5000	1500																		
12月	302	段誉	人事部	2000	500	2500	400																		
12月	401	苏星河	销售部	2000	1000	5000	1500																		
12月	402	丁春秋	销售部	2000	500	2500	1500																		
12月	403	木婉清	销售部	1200	500	2500	400																		
12月	501	乔峰	生产部	5000	1500	5000	700																		
12月	502	阮星竹	生产部	4000	1000	3500	1500																		
12月	503	郁光标	生产部	2000	1000	3500	1500																		
12月	504	朱丹臣	生产部	1200	500	2000	1000																		
12月	505	高升泰	生产部	1200	500	2000	1100																		
12月	506	崔百泉	生产部	1200	500	2000	1200																		

图 2-19 计算工龄工资

⑤计算浮动工资。

根据公司工资核算制度，浮动工资与工龄挂钩，满 5 年的加 200 元，满 10 年的加 300 元，其他的不加。具体操作如下：

第一步，选择单元格 I3，在编辑栏中输入公式：=IF(公司职工基本情况！J3>=10,300,IF(公司职工基本情况！J3>=5,200,0))，计算出其浮动工资。

第二步，拖动填充句柄，求出其他人员的浮动工资（见图 2-20）。

I3 fx =IF(公司职工基本情况!J3>=10,300,IF(公司职工基本情况!J3>=5,200,0))

工资基本结构表

月份	编号	姓名	部门	基本工资	职称工资	岗位工资	工龄工资	浮动工资	住房补贴	伙食补贴	交通补贴	其他补贴	奖金	应发合计	住房公积金	养老保险	医疗保险	失业保险	病事假	个人所得税	应扣合计	实发合计	日工资	备注	辅助计算应税额
12月	101	段正淳	企划部	3000	1500	6000	1500	300																	
12月	102	王语嫣	企划部	4000	500	3000	400	0																	
12月	201	慕容博	财务部	2000	1500	5000	1500	300																	
12月	202	钟灵	财务部	3000	1000	2500	500	200																	
12月	301	刀白凤	人事部	3000	1000	5000	1500	300																	
12月	302	段誉	人事部	2000	500	2500	400	0																	
12月	401	苏星河	销售部	2000	1000	5000	1500	300																	
12月	402	丁春秋	销售部	2000	500	2500	1500	300																	
12月	403	木婉清	销售部	1200	500	2500	400	0																	
12月	501	乔峰	生产部	5000	1500	5000	700	200																	
12月	502	阮星竹	生产部	4000	1000	3500	1500	300																	
12月	503	郁光标	生产部	2000	1000	3500	1500	300																	
12月	504	朱丹臣	生产部	1200	500	2000	1000	300																	
12月	505	高升泰	生产部	1200	500	2000	1100	300																	
12月	506	崔百泉	生产部	1200	500	2000	1200	300																	

图 2-20 计算浮动工资

⑥计算住房补贴。

根据公司工资核算制度，与职称挂钩，高级职称加600元，中级职称加400元，其他职称加200元，具体操作如下：

第一步，选择单元格J3，在编辑栏中输入公式：=IF(INDEX(基本情况,MATCH(B3,编号,0),6)=工资计算各种比率表！$K$14,工资计算各种比率表！$M$14,IF(INDEX(基本情况,MATCH(B3,编号,0),6)=工资计算各种比率表！$K$15,工资计算各种比率表！$M$15,IF(INDEX(基本情况,MATCH(B3,编号,0),6)=工资计算各种比率表！$K$16,工资计算各种比率表！$M$16,IF(INDEX(基本情况,MATCH(B3,编号,0),6)=工资计算各种比率表！$K$17,工资计算各种比率表！$M$17,IF(INDEX(基本情况,MATCH(B3,编号,0),6)=工资计算各种比率表！$K$18,工资计算各种比率表！$M$18,IF(INDEX(基本情况,MATCH(B3,编号,0),6)=工资计算各种比率表！$K$19,工资计算各种比率表！$M$19,IF(INDEX(基本情况,MATCH(B3,编号,0),6)=工资计算各种比率表！$K$20,工资计算各种比率表！$M$20,0))))))),计算出其住房补贴。

第二步，拖动填充句柄，求出其他人员的住房补贴（见图2-21）。

J3 =IF(INDEX(基本情况,MATCH(B3,编号,0),6)=工资计算各种比率表!$K$14,工资计算各种比率表!$M$14,IF(INDEX(基本情况,MATCH(B3,编号,0),6)=工资计算各种比率表!$K$15,工资计算各种比率表!$M$15,IF(INDEX(基本情况,MATCH(B3,编号,0),6)=工资计算各种比率表!$K$16,工资计算各种比率表!$M$16,IF(INDEX(基本情况,MATCH(B3,编号,0),6)=工资计算各种比率表!$K$17,工资计算各种比率表!$M$17,IF(INDEX(基本情况,MATCH(B3,编号,0),6)=工资计算各种比率表!$K$18,工资计算各种比率表!$M$18,IF(INDEX(基本情况,MATCH(B3,编号,0),6)=工资计算各种比率表!$K$19,工资计算各种比率表!$M$19,IF(INDEX(基本情况,MATCH(B3,编号,0),6)=工资计算各种比率表!$K$20,工资计算各种比率表!$M$20,0)))))))

工资基本结构表

月份	编号	姓名	部门	基本工资	职称工资	岗位工资	工龄工资	浮动工资	住房补贴	伙食补贴	交通补贴	其他补贴	奖金	应发合计	住房公积金	养老保险	医疗保险	失业保险	病事假	个人所得税	应扣合计	实发合计	日工资	备注
12月	101	段正淳	企划部	3000	1500	6000	1500	300	600															
12月	102	王语嫣	企划部	4000	500	3000	400	0	200															
12月	201	慕容博	财务部	2000	1500	5000	1500	300	600															
12月	202	钟灵	财务部	3000	1000	2500	500	200	400															
12月	301	刀白凤	人事部	3000	1000	5000	1500	300	400															
12月	302	段誉	人事部	2000	500	2500	400	0	200															
12月	401	苏星河	销售部	2000	1000	5000	1500	300	400															
12月	402	丁春秋	销售部	2000	500	2500	1500	300	200															
12月	403	木婉清	销售部	1200	500	2500	400	0	200															
12月	501	乔峰	生产部	5000	1500	5000	700	200	600															
12月	502	阮星竹	生产部	4000	1000	3500	1500	300	400															
12月	503	郁光标	生产部	2000	1000	3500	1500	300	400															
12月	504	朱丹臣	生产部	1200	500	2000	1000	300	200															
12月	505	高升泰	生产部	1200	500	2000	1100	300	200															
12月	506	崔百泉	生产部	1200	500	2000	1200	300	200															

图2-21　计算住房补贴

⑦计算伙食补贴。

本月无伙食补贴。

⑧计算交通补贴。

根据公司工资核算制度，交通补贴与职务挂钩，经理200元，秘书300元，部长200元，干事300元，其他的80元。具体操作如下：

第一步，选择单元格L3，在编辑栏中输入公式：=IF(INDEX(基本情况,MATCH(B3,编号,0),5)=工资计算各种比率表！$K$4,工资计算各种比率表！$M$4,IF(INDEX(基本情况,MATCH(B3,编号,0),5)=工资计算各种比率表！$K$5,工资计算各种比率表！M

5,IF(INDEX(基本情况,MATCH(B3,编号,0),5)=工资计算各种比率表! $K $6,工资计算各种比率表! $M $6,IF(INDEX(基本情况,MATCH(B3,编号,0),5)=工资计算各种比率表! $K $7,工资计算各种比率表! $M $7,IF(INDEX(基本情况,MATCH(B3,编号,0),5)=工资计算各种比率表! $K $8,工资计算各种比率表! $M $8,IF(INDEX(基本情况,MATCH(B3,编号,0),5)=工资计算各种比率表! $K $9,工资计算各种比率表! $M $9,0)))))),计算出其交通补贴。

第二步，拖动填充句柄，求出其他人员的交通补贴（见图 2-22）。

L3 =IF(INDEX(基本情况,MATCH(B3,编号,0),5)=工资计算各种比率表!$K$4,工资计算各种比率表!$M$4,IF(INDEX(基本情况,MATCH(B3,编号,0),5)=工资计算各种比率表!$K$5,工资计算各种比率表!$M$5,IF(INDEX(基本情况,MATCH(B3,编号,0),5)=工资计算各种比率表!$K$6,工资计算各种比率表!$M$6,IF(INDEX(基本情况,MATCH(B3,编号,0),5)=工资计算各种比率表!$K$7,工资计算各种比率表!$M$7,IF(INDEX(基本情况,MATCH(B3,编号,0),5)=工资计算各种比率表!$K$8,工资计算各种比率表!$M$8,IF(INDEX(基本情况,MATCH(B3,编号,0),5)=工资计算各种比率表!$K$9,工资计算各种比率表!$M$9,0))))))

工资基本结构表

月份	编号	姓名	部门	基本工资	职称工资	岗位工资	工龄工资	浮动工资	住房补贴	伙食补贴	交通补贴	其他补贴	奖金	应发合计	住房公积金	养老保险	医疗保险	失业保险	病事假	个人所得税	应扣合计	实发合计	日工资	备注
12月	101	段正淳	企划部	3000	1500	6000	1500	300	600		200													
12月	102	王语嫣	企划部	4000	500	3000	400	0	200		300													
12月	201	慕容博	财务部	2000	1500	5000	1500	300	600		200													
12月	202	钟灵	财务部	3000	1000	2500	500	200	400		300													
12月	301	刀白凤	人事部	3000	1000	5000	1500	300	400		200													
12月	302	段誉	人事部	2000	500	2500	400	0	200		300													
12月	401	苏星河	销售部	2000	1000	5000	1500	300	400		200													
12月	402	丁春秋	销售部	2000	500	2500	1500	300	200		300													
12月	403	木婉清	销售部	1200	500	2500	400	0	200		300													
12月	501	乔峰	生产部	5000	1500	5000	700	200	600		200													
12月	502	阮星竹	生产部	4000	1000	3500	1500	300	400		80													
12月	503	郁光标	生产部	2000	1000	3500	1500	300	400		80													
12月	504	朱丹臣	生产部	1200	500	2000	1000	300	200		80													
12月	505	高升泰	生产部	1200	500	2000	1100	300	200		80													
12月	506	崔百泉	生产部	1200	500	2000	1200	300	200		80													

图 2-22　计算交通补贴

⑨计算其他补贴。

全勤奖励 300 元计算其他补贴，除此之外，本月无其它补贴。具体操作如下：

第一步，选择单元格 M3，在编辑栏中输入公式：“=IF(AND('公司职工考勤表'! AJ5=0,'公司职工考勤表'! AK5=0,'公司职工考勤表'! AL5=0),300,0)”。

第二步，拖动填充句柄，求出其他人员的其他补贴。

2.2.2　计算奖金和日工资

根据公司的经营情况发放奖金，本月平均分配，每人 500 元。公司按每月 21.75 天进行薪酬合计，并依此计算日工资。应发工资为基本工资、职称工资、岗位工资、工龄工资、浮动工资、住房补贴、伙食补贴、交通补贴、其他补贴的总和。具体操作如下：

（1）选择单元格 N3，在编辑栏中输入公式：“=500”。

（2）拖动填充句柄，求出其他人员的奖金。

（3）选择单元格 O3，在编辑栏中输入求和公式：“=SUM（E3：N3）”。

（4）拖动填充句柄，求出其他人员的应发合计。

（5）选择单元格 W3，在编辑栏中输入公式：“=O3/21.75”。

（6）拖动填充句柄，求出其他人员的日工资，保留两位小数。

（7）得到计算结果（见图 2-23）。

工资基本结构表

月份	编号	姓名	部门	基本工资	职称工资	岗位工资	工龄工资	浮动工资	住房补贴	伙食补贴	交通补贴	其他补贴	奖金	应发合计	住房公积金	养老保险	医疗保险	失业保险	病事假	个人所得税	应扣合计	实发合计	日工资	备注
12月	101	段正淳	企划部	3000	1500	6000	1500	300	600		200	0	500	13600									625.29	
12月	102	王语嫣	企划部	4000	500	3000	400	0	200		300	0	500	8900									409.20	
12月	201	慕容博	财务部	2000	1500	5000	1500	300	600		200	0	500	11600									533.33	
12月	202	钟灵	财务部	3000	1000	2500	500	200	400		300	0	500	8400									386.21	
12月	301	刀白凤	人事部	3000	1000	5000	1500	300	400		200	0	500	11900									547.13	
12月	302	段誉	人事部	2000	500	2500	400	0	200		300	300	500	6700									308.05	
12月	401	苏星河	销售部	2000	1000	5000	1500	300	400		200	300	500	11200									514.94	
12月	402	丁春秋	销售部	2000	500	2500	1500	300	200		300	0	500	7800									358.62	
12月	403	木婉清	销售部	1200	500	2500	400	0	200		300	300	500	5900									271.26	
12月	501	乔峰	生产部	5000	1000	[illegible]	[illegible]	[illegible]	600		200	300	500	14000									643.68	
12月	502	阮星竹	生产部	4000	1000	3500	1500	300	400		80	0	500	11280									518.62	
12月	503	郁光标	生产部	2000	1000	3500	1500	300	400		80	0	500	9280									426.67	
12月	504	朱丹臣	生产部	1200	500	2000	1000	300	200		80	300	500	6080									279.54	
12月	505	高升泰	生产部	1200	500	2000	1100	300	200		80	300	500	6180									284.14	
12月	506	崔百泉	生产部	1200	500	2000	1200	300	200		80	300	500	6280									288.74	

图 2-23　计算奖金和日工资

2.2.3　计算应扣项及实发合计数

每月财会部门还须根据有关单位和部门转来的扣款通知代扣某些款项，如社会保险费的个人自付部分、个人所得税、住房公积金、病事假扣款等。

社会保险是国家通过立法建立的一种社会保障制度。我国现阶段向所有企业征缴的社会保险有基本养老保险、失业保险、基本医疗保险、工伤保险和生育保险五个险种。基本养老保险、基本医疗保险和失业保险由单位和个人共同缴费，工伤保险、生育保险由单位缴费。社会保险个人缴纳部分应由所在企业从职工本人工资中代扣代缴。

2.2.3.1　住房公积金

按照相关规定，个人的住房公积金等于应发合计×个人扣缴比例。具体操作如下：

（1）选择工资基本结构表中的 P3 单元格，在编辑栏中输入公式："=O3 * 工资计算各种比率表！$D $8"。

（2）拖动填充句柄，求出其他人员的住房公积金。

2.2.3.2　养老保险

按照相关规定，个人养老保险等于应发合计×个人扣缴比例。具体操作如下：

（1）选择工资基本结构表中的 Q3 单元格，在编辑栏中输入公式："=O3 * 工资计算各种比率表！$D $5"。

（2）拖动填充句柄，求出其他人员的养老保险。

2.2.3.3　医疗保险

按照相关规定，个人医疗保险等于应发合计×个人扣缴比例。具体操作如下：

（1）选择工资基本结构表中的 R3 单元格，在编辑栏中输入公式："=O3 * 工资计算各种比率表！$D$6"。

（2）拖动填充句柄，求出其他人员的医疗保险。

2.2.3.4 失业保险

按照相关规定，个人失业保险等于应发合计×个人扣缴比例。具体操作如下：

（1）选择工资基本结构表中的 S3 单元格，在编辑栏中输入公式："=O3 * 工资计算各种比率表！$D$7"。

（2）拖动填充句柄，求出其他人员的失业保险。

2.2.3.5 病事假

（1）计算病事假等天数，具体操作如下：

①选择公司职工考勤表中的 AJ5 单元格，在编辑栏中输入公式："=COUNTIF(D5:AH5,"病假")"。

②拖动填充句柄，求出其他人员病假的天数。

③同理选择公司职工考勤表中的 AK5 单元格，在编辑栏中输入公式："=COUNTIF(D5:AH5,"事假")"。

④拖动填充句柄，求出其他人员事假的天数。

⑤最后选择公司职工考勤表中的 AL5 单元格，在编辑栏中输入公式："=COUNTIF(D5:AH5,"旷工")"。

⑥拖动填充句柄，求出其他人员旷工的天数，得出结果（见图 2-24）。

AJ	AK	AL	AM	AN
请假天数统计			日工资	扣款金额
病假	事假	旷工		
2	0	0	625	625
1	1	0	405	607
1	0	0	533	267
1	0	0	386	193
0	1	0	547	547
0	0	0	308	0
0	0	0	515	0
1	0	0	359	179
0	0	0	271	0
0	0	0	644	0
0	1	0	519	519
2	0	0	427	427
0	0	0	270	0
0	0	0	280	0
0	0	0	289	0

图 2-24 病事假及扣款

（2）计算病事假扣款金额，具体操作如下：

①将工资基本结构表中的日工资复制到公司职工考勤表中。

②选择公司职工考勤表中的 AN5 单元格，在编辑栏中输入公式："=IF(AJ5+AK5+

AL5=0,0,AJ5＊0.5＊AM5+AK5＊AM5+AL5＊3＊AM5)”。

③拖动填充句柄，求出其他人员扣款金额。

④选择公司职工考勤表中的单元格区域 A5：A100，定义其名称为“编号 2”，再选择单元格区域 A5：AN100，定义其名称为“考勤统计”。

⑤选择工资基本结构表中的 T3 单元格，在编辑栏中输入公式：=ROUND(INDEX(考勤统计,MATCH(B3,编号 2,0),40),1)。

⑥拖动填充句柄，求出其他人员病事假。

2.2.3.6 辅助计算应纳个税税额

按照相关规定，个人所得税为应发合计减去国家规定的减除费用和病事假扣款后的所得金额进行计算，为了简化计算公式，新增一列辅助计算应纳税额，用来计算个税的所得金额，其值等于：应发合计-住房公积金-养老保险-医疗保险-失业保险-病事假扣款。具体操作如下：

（1）选择工资基本结构表中的 AA3 单元格，在编辑栏中输入公式：=O3-SUM(P3:T3)。

（2）拖动填充句柄，求出其他人员的辅助计算应纳个税税额。

2.2.3.7 个人所得税

按照相关规定，根据工资计算各种比率表中个人所得税税率表计算个人所得税，具体操作如下：

（1）选择工资基本结构表中的 U3 单元格，在编辑栏中输入公式：=IF((AA3-工资计算各种比率表！$C$11)>80 000,(AA3-工资计算各种比率表！$C$11)＊工资计算各种比率表！$D$20/100-工资计算各种比率表！$E$20,IF((AA3-工资计算各种比率表！$C$11)>55 000,(AA3-工资计算各种比率表！$C$11)＊工资计算各种比率表！$D$19/100-工资计算各种比率表！$E$19,IF((AA3-工资计算各种比率表！$C$11)>35 000,(AA3-工资计算各种比率表！$C$11)＊工资计算各种比率表！$D$18/100-工资计算各种比率表！$E$18,IF((AA3-工资计算各种比率表！$C$11)>25 000,(AA3-工资计算各种比率表！$C$11)＊工资计算各种比率表！$D$17/100-工资计算各种比率表！$E$17,IF((AA3-工资计算各种比率表！$C$11)>12 000,(AA3-工资计算各种比率表！$C$11)＊工资计算各种比率表！$D$16/100-工资计算各种比率表！$E$16,IF((AA3-工资计算各种比率表！$C$11)>3 000,(AA3-工资计算各种比率表！$C$11)＊工资计算各种比率表！$D$15/100-工资计算各种比率表！$E$15,IF((AA3-工资计算各种比率表！$C$11)>0,(AA3-工资计算各种比率表！$C$11)＊工资计算各种比率表！$D$14/100-工资计算各种比率表！$E$14,0)))))))。

（2）拖动填充句柄，求出其他人员的个人所得税。

2.2.3.8 应扣合计

应扣合计为所有扣款项（住房公积金、养老保险、医疗保险、失业保险、病事假、个人所得税）之和。具体操作如下：

（1）选择工资基本结构表中的 V3 单元格，在编辑栏中输入公式：“=SUM(P3:U3)”。

（2）拖动填充句柄，求出其他人员的应扣合计。

2.2.3.9　实发合计

实发合计就是职工的应发合计去除应扣合计后的金额，其计算公式为：实发合计=应发合计-应扣合计，具体操作如下：

（1）选择工资基本结构表中的 W3 单元格，在编辑栏中输入公式：“=O3-V3”。

（2）拖动填充句柄，求出其他人员的实发合计。

至此，整个工资表的内容已填写完毕，下月只需更改相关数据即可，无需更改公式。工资基本结构表如图 2-25 所示。

工资基本结构表

月份	编号	姓名	部门	基本工资	职称工资	岗位工资	工龄工资	浮动工资	住房补贴	伙食补贴	交通补贴	其他补贴	奖金	应发合计	住房公积金	养老保险	医疗保险	失业保险	病事假	个人所得税	应扣合计	实发合计	日工资	备注	辅助计算应税额
12月	101	段正淳	企划部	3000	1500	6000	1500	300	600		200	0	500	13600	1088.00	1088.00	272.00	136.00	625.30	329.07	3538.37	10061.63	625.29		10390.70
12月	102	王语嫣	企划部	4000	500	3000	400	0	200		300	0	500	8900	712.00	712.00	178.00	89.00	613.80	47.86	2352.66	6547.34	409.20		6595.20
12月	201	慕容博	财务部	2000	1500	5000	1500	300	600		200	0	500	11600	928.00	928.00	232.00	116.00	266.70	202.93	2673.63	8926.37	533.33		9129.30
12月	202	钟灵	财务部	3000	1000	2500	500	200	400		300	0	500	8400	672.00	672.00	168.00	84.00	193.10	48.33	1837.43	6562.57	386.21		6610.90
12月	301	刀白凤	人事部	3000	1000	5000	1500	300	400		200	0	500	11900	952.00	952.00	238.00	119.00	547.10	199.19	3007.29	8892.71	547.13		9091.90
12月	302	段誉	人事部	2000	500	2500	400	0	200		300	300	500	6700	536.00	536.00	134.00	67.00	0.00	12.81	1285.81	5414.19	308.05		5427.00
12月	401	苏星河	销售部	2000	1000	5000	1500	300	400		200	300	500	11200	896.00	896.00	224.00	112.00	0.00	197.20	2325.20	8874.80	514.94		9072.00
12月	402	丁春秋	销售部	2000	500	2500	1500	300	200		300	0	500	7800	624.00	624.00	156.00	78.00	179.30	34.16	1695.46	6104.54	358.62		6138.70
12月	403	木婉清	销售部	1200	500	2500	400	0	200		300	300	500	5900	472.00	472.00	118.00	59.00	0.00	0.00	1121.00	4779.00	271.26		4779.00
12月	501	乔峰	生产部	5000	1500	5000	700	200	600		200	300	500	14000	1120.00	1120.00	280.00	140.00	0.00	424.00	3084.00	10916.00	643.68		11340.00
12月	502	阮星竹	生产部	4000	1000	3500	1500	300	400		80	0	500	11280	902.40	902.40	225.60	112.80	518.60	151.82	2813.62	8466.38	518.62		8618.20
12月	503	郁光标	生产部	2000	1000	3500	1500	300	400		80	0	500	9280	742.40	742.40	185.60	92.80	426.70	62.70	2252.60	7027.40	426.67		7090.10
12月	504	朱丹臣	生产部	1200	500	2000	1000	300	200		80	300	500	6080	486.40	486.40	121.60	60.80	0.00	0.00	1155.20	4924.80	279.54		4924.80
12月	505	高升泰	生产部	1200	500	2000	1100	300	200		80	300	500	6180	494.40	494.40	123.60	61.80	0.00	0.17	1174.37	5005.63	284.14		5005.80
12月	506	崔百泉	生产部	1200	500	2000	1200	300	200		80	300	500	6280	502.40	502.40	125.60	62.80	0.00	2.60	1195.80	5084.20	288.74		5086.80

图 2-25　工资基本结构表

2.3　制作职工工资管理表

职工工资管理表包含工资条、工资总额汇总表、工资费用分配表、记账凭证清单和查询表。

【任务描述】

天龙公司要求随时掌握员工工资分配情况，必须做好工资管理工作，使用各项内容一目了然，以满足企业管理的需要，从而更好地发挥会计的管理职能。

【任务目标】

（1）学会制作工资条。

（2）学会工资表的汇总。

（3）学会制作工资费用分配表。

（4）学会利用相关数据制作记账凭证清单。

（5）学会制作员工工资查询表。

（6）学会工资核算系统的使用并进行相关排错。

【任务分析】

针对上述任务，根据公司管理制度以及工资管理的高效性，在充分掌握公司相关工资管理制度和工资各项目间的关系，充分利用 Excel 函数进行相关的操作，提高工作效率。

【任务分解】

本任务可以分解为以下 4 个子任务：

子任务 1：制作工资条。

子任务 2：制作工资总额汇总表。

子任务 3：制作记账凭证清单。

子任务 4：制作查询表。

【任务实施】

2.3.1 制作工资条

2.3.1.1 工资条的内容

工资条是发放工资时交给职工的工资项目清单，其数据来源于工资基本结构表。工资条是发放给职工个人的，所以工资条应该包括工资中各个组成部分的项目名称及其数值。随着信息技术的发展，纸质的工资条已渐渐被电子版工资条替代，但建议仍保留此表。

视频：工资条

2.3.1.2 涉及的函数

（1）INT（）：是将一个要取整的实数（可以为数学表达式）向下取整为最接近的整数。

（2）MOD（）：是一个求余函数。其格式为：mod（nExp1，nExp2），即是两个数值表达式作除法运算后的余数。

（3）ROW（）：是返回一个引用的行号。

（4）COLUMN（）：是查看所选择的某一个单元格所在列位置。

2.3.1.3 制作工资条

工资条的制作相对比较简单，具体操作步骤如下：

（1）新建工作表“工资条”，合并单元格 A1：W1，并输入内容：工资条。格式设置为：居中对齐，加双线，字号为 20 磅。

（2）选择单元格 A2，输入公式：=IF(MOD(ROW()+2,3)=0,"",IF(MOD(ROW()+2,3)=1,工资基本结构表！A$2,INDEX(工资基本结构表！$A:$W,INT((ROW()+4)/3

+1),COLUMN()))))。

(3) 选择单元格 B2，输入公式：=IF(MOD(ROW()+2,3)=0,"",IF(MOD(ROW()+2,3)=1,工资基本结构表! B$2,INDEX(工资基本结构表! $A:$W,INT((ROW()+4)/3+1),COLUMN()))))。

(4) 选择单元格 C2，输入公式：=IF(MOD(ROW()+2,3)=0,"",IF(MOD(ROW()+2,3)=1,工资基本结构表! C$2,INDEX(工资基本结构表! $A:$W,INT((ROW()+4)/3+1),COLUMN()))))。

(5) 选择单元格 D2，输入公式：=IF(MOD(ROW()+2,3)=0,"",IF(MOD(ROW()+2,3)=1,工资基本结构表! D$2,INDEX(工资基本结构表! $A:$W,INT((ROW()+4)/3+1),COLUMN()))))。

(6) 选择单元格 E2，输入公式：=IF(MOD(ROW()+2,3)=0,"",IF(MOD(ROW()+2,3)=1,工资基本结构表! E$2,INDEX(工资基本结构表! $A:$W,INT((ROW()+4)/3+1),COLUMN()))))。

(7) 选择单元格 F2，输入公式：=IF(MOD(ROW()+2,3)=0,"",IF(MOD(ROW()+2,3)=1,工资基本结构表! F$2,INDEX(工资基本结构表! $A:$W,INT((ROW()+4)/3+1),COLUMN()))))。

(8) 选择单元格 G2，输入公式：=IF(MOD(ROW()+2,3)=0,"",IF(MOD(ROW()+2,3)=1,工资基本结构表! G$2,INDEX(工资基本结构表! $A:$W,INT((ROW()+4)/3+1),COLUMN()))))。

(9) 选择单元格 H2，输入公式：=IF(MOD(ROW()+2,3)=0,"",IF(MOD(ROW()+2,3)=1,工资基本结构表! H$2,INDEX(工资基本结构表! $A:$W,INT((ROW()+4)/3+1),COLUMN()))))。

(10) 选择单元格 I2，输入公式：=IF(MOD(ROW()+2,3)=0,"",IF(MOD(ROW()+2,3)=1,工资基本结构表! I$2,INDEX(工资基本结构表! $A:$W,INT((ROW()+4)/3+1),COLUMN()))))。

(11) 选择单元格 J2，输入公式：=IF(MOD(ROW()+2,3)=0,"",IF(MOD(ROW()+2,3)=1,工资基本结构表! J$2,INDEX(工资基本结构表! $A:$W,INT((ROW()+4)/3+1),COLUMN()))))。

(12) 选择单元格 K2，输入公式：=IF(MOD(ROW()+2,3)=0,"",IF(MOD(ROW()+2,3)=1,工资基本结构表! K$2,INDEX(工资基本结构表! $A:$W,INT((ROW()+4)/3+1),COLUMN()))))。

(13) 选择单元格 L2，输入公式：=IF(MOD(ROW()+2,3)=0,"",IF(MOD(ROW()+2,3)=1,工资基本结构表! L$2,INDEX(工资基本结构表! $A:$W,INT((ROW()+4)/3+1),COLUMN()))))。

（14）选择单元格 M2，输入公式：=IF(MOD(ROW()+2,3)=0,"",IF(MOD(ROW()+2,3)=1,工资基本结构表！M$2,INDEX(工资基本结构表！$A:$W,INT((ROW()+4)/3+1),COLUMN())))。

（15）选择单元格 N2，输入公式：=IF(MOD(ROW()+2,3)=0,"",IF(MOD(ROW()+2,3)=1,工资基本结构表！N$2,INDEX(工资基本结构表！$A:$W,INT((ROW()+4)/3+1),COLUMN())))。

（16）选择单元格 O2，输入公式：=IF(MOD(ROW()+2,3)=0,"",IF(MOD(ROW()+2,3)=1,工资基本结构表！O$2,INDEX(工资基本结构表！$A:$W,INT((ROW()+4)/3+1),COLUMN())))。

（17）选择单元格 P2，输入公式：=IF(MOD(ROW()+2,3)=0,"",IF(MOD(ROW()+2,3)=1,工资基本结构表！P$2,INDEX(工资基本结构表！$A:$W,INT((ROW()+4)/3+1),COLUMN())))。

（18）选择单元格 Q2，输入公式：=IF(MOD(ROW()+2,3)=0,"",IF(MOD(ROW()+2,3)=1,工资基本结构表！Q$2,INDEX(工资基本结构表！$A:$W,INT((ROW()+4)/3+1),COLUMN())))。

（19）选择单元格 R2，输入公式：=IF(MOD(ROW()+2,3)=0,"",IF(MOD(ROW()+2,3)=1,工资基本结构表！R$2,INDEX(工资基本结构表！$A:$W,INT((ROW()+4)/3+1),COLUMN())))。

（20）选择单元格 S2，输入公式：=IF(MOD(ROW()+2,3)=0,"",IF(MOD(ROW()+2,3)=1,工资基本结构表！S$2,INDEX(工资基本结构表！$A:$W,INT((ROW()+4)/3+1),COLUMN())))。

（21）选择单元格 T2，输入公式：=IF(MOD(ROW()+2,3)=0,"",IF(MOD(ROW()+2,3)=1,工资基本结构表！T$2,INDEX(工资基本结构表！$A:$W,INT((ROW()+4)/3+1),COLUMN())))。

（22）选择单元格 U2，输入公式：=IF(MOD(ROW()+2,3)=0,"",IF(MOD(ROW()+2,3)=1,工资基本结构表！U$2,INDEX(工资基本结构表！$A:$W,INT((ROW()+4)/3+1),COLUMN())))。

（23）选择单元格 V2，输入公式：=IF(MOD(ROW()+2,3)=0,"",IF(MOD(ROW()+2,3)=1,工资基本结构表！V$2,INDEX(工资基本结构表！$A:$W,INT((ROW()+4)/3+1),COLUMN())))。

（24）选择单元格 W2，输入公式：=IF(MOD(ROW()+2,3)=0,"",IF(MOD(ROW()+2,3)=1,工资基本结构表！W$2,INDEX(工资基本结构表！$A:$W,INT((ROW()+4)/3+1),COLUMN())))。

（25）选择单元格区域 A2：W2，拖动填充句柄直至最后一名职工为止，得出最终结果（见图 2-26）。

工资条

月份	编号	姓 名	部门	基本工资	职称工资	岗位工资	工龄工资	浮动工资	住房补贴	伙食补贴	交通补贴	其他补贴	奖金	应发合计	住房公积金	养老保险	医疗保险	失业保险	病事假	个人所得税	应扣合计	实发合计
12月	101	段正淳	企划部	3000	1500	6000	1500	300	600	0	200	0	500	13600	1088	1088	272	136	625.3	329.07	3538.37	10061.63
月份	编号	姓 名	部门	基本工资	职称工资	岗位工资	工龄工资	浮动工资	住房补贴	伙食补贴	交通补贴	其他补贴	奖金	应发合计	住房公积金	养老保险	医疗保险	失业保险	病事假	个人所得税	应扣合计	实发合计
12月	102	王语嫣	企划部	4000	500	3000	400	0	200	0	300	0	500	8900	712	712	178	89	613.8	47.856	2352.656	6547.344
月份	编号	姓 名	部门	基本工资	职称工资	岗位工资	工龄工资	浮动工资	住房补贴	伙食补贴	交通补贴	其他补贴	奖金	应发合计	住房公积金	养老保险	医疗保险	失业保险	病事假	个人所得税	应扣合计	实发合计
12月	201	慕容博	财务部	2000	1500	5000	1500	300	600	0	200	0	500	11600	928	928	232	116	266.7	202.93	2673.63	8926.37
月份	编号	姓 名	部门	基本工资	职称工资	岗位工资	工龄工资	浮动工资	住房补贴	伙食补贴	交通补贴	其他补贴	奖金	应发合计	住房公积金	养老保险	医疗保险	失业保险	病事假	个人所得税	应扣合计	实发合计
12月	202	钟灵	财务部	3000	1000	2500	500	200	400	0	300	0	500	8400	672	672	168	84	193.1	48.327	1837.427	6562.573
月份	编号	姓 名	部门	基本工资	职称工资	岗位工资	工龄工资	浮动工资	住房补贴	伙食补贴	交通补贴	其他补贴	奖金	应发合计	住房公积金	养老保险	医疗保险	失业保险	病事假	个人所得税	应扣合计	实发合计
12月	301	刀白凤	人事部	3000	1000	5000	1500	300	400	0	200	0	500	11900	952	952	238	119	547.1	199.19	3007.29	8892.71
月份	编号	姓 名	部门	基本工资	职称工资	岗位工资	工龄工资	浮动工资	住房补贴	伙食补贴	交通补贴	其他补贴	奖金	应发合计	住房公积金	养老保险	医疗保险	失业保险	病事假	个人所得税	应扣合计	实发合计
12月	302	段誉	人事部	2000	500	2500	400	0	200	0	300	300	500	6700	536	536	134	67	0	12.81	1285.81	5414.19
月份	编号	姓 名	部门	基本工资	职称工资	岗位工资	工龄工资	浮动工资	住房补贴	伙食补贴	交通补贴	其他补贴	奖金	应发合计	住房公积金	养老保险	医疗保险	失业保险	病事假	个人所得税	应扣合计	实发合计
12月	401	苏星河	销售部	2000	1000	5000	1500	300	400	0	200	300	500	11200	896	896	224	112	0	197.2	2325.2	8874.8

图 2-26　工资条

2.3.2　制作工资总额汇总表

工资总额汇总表是按照部门对各项工资进行汇总求和，用户可以利用 Excel 数据透视表对各工资项目进行汇总。具体操作步骤如下：

视频：工资总额汇总表

（1）选择单元格区域 A2：X17，单击“插入”菜单中的“数据透视表”，弹出“创建数据透视表”对话框（见图 2-27）。

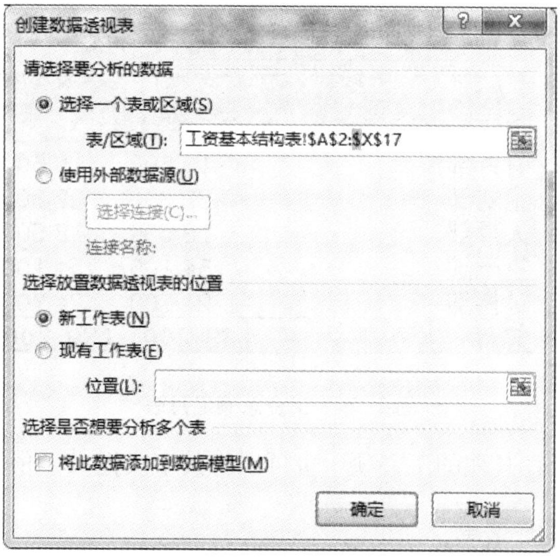

图 2-27　创建数据透视表

（2）在此对话框中选择区域 A2：X17，位置选择“新工作表”，然后单击“确定”按钮。

（3）将新工作表的表名改为“工资总额汇总表”。

（4）在“数据透视表字段”面板中，将字段“月份”拖入“列”区域，将字段“部门”拖入“行”区域，将字段“应发合计”拖入“值”区域并求和（见图 2-28）。

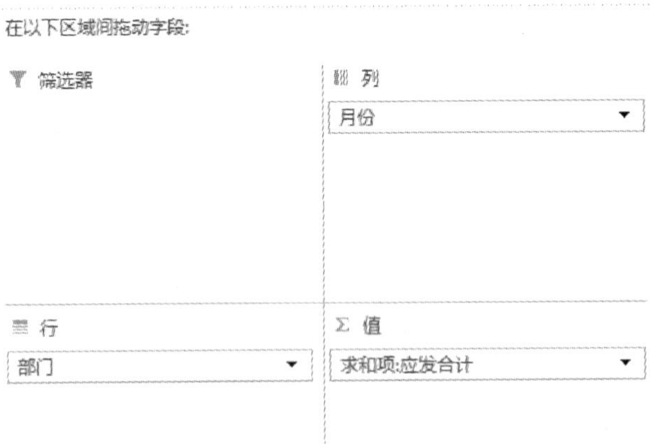

图 2-28　数据透视表面板

（5）最后写上标题“工资总额汇总表”，并加上双下划线，完成结果如图 2-29 所示。

	A	B	C
1			
2	工资总额汇总表		
3	求和项:应发合计	列标签	
4	行标签	4月	总计
5	财务部	19 600	19 600
6	企划部	22 300	22 300
7	人事部	18 500	18 500
8	生产部	54 100	54 100
9	销售部	24 700	24 700
10	总计	139 200	139 200

图 2-29　工资总额汇总表

（6）同理如果要合计其他的工资项，也可以将其字段拖入“值”区域中。

2.3.3　制作记账凭证清单

按照会计制度规定，不论是否发放，每月要计提工资。计提时，借记管理费用等相关科目，贷记应付职工薪酬。具体操作步骤如下：

（1）先制作如图 2-30 所示的记账凭证清单。

	A	B	C	D	E	F	G	H	I
1	记账凭证清单								
2	日期	附件	摘要	科目名称	借方金额	贷方金额	制单人	审核人	记账人
3	4月30日	1	分配工资	管理费用					
4	4月30日	1	分配工资	销售费用					
5	4月30日	1	分配工资	基本生产成本					
6	4月30日	1	分配工资	辅助生产成本					
7	4月30日	1	分配工资	应付职工薪酬					

图 2-30　记账凭证清单

（2）选择单元格 E3，输入公式：=IF(ISERROR(INDEX(工资总额汇总表! B5:B100,MATCH("财务部",工资总额汇总表! A5:A100,0))),0,INDEX(工资总额汇总表! B5:B100,MATCH("财务部",工资总额汇总表! A5:A100,0)))+IF(ISERROR(INDEX(工资总额汇总表! B5:B100,MATCH("人事部",工资总额汇总表! A5:A100,0))),0,INDEX(工资总额汇总表! B5:B100,MATCH("人事部",工资总额汇总表! A5:A100,0)))+IF(ISERROR(INDEX(工资总额汇总表! B5:B100,MATCH("企划部",工资总额汇总表! A5:A100,0))),0,INDEX(工资总额汇总表! B5:B100,MATCH("企划部",工资总额汇总表! A5:A100,0)))。

视频：记账凭证清单

（3）选择单元格 E4，输入公式：=IF(ISERROR(INDEX(工资总额汇总表! B5:B100,MATCH("销售部",工资总额汇总表! A5:A100,0))),0,INDEX(工资总额汇总表! B5:B100,MATCH("销售部",工资总额汇总表! A5:A100,0)))。

（4）选择单元格 E5，输入公式：=IF(ISERROR(INDEX(工资总额汇总表! B5:B100,MATCH("生产部",工资总额汇总表! A5:A100,0))),0,INDEX(工资总额汇总表! B5:B100,MATCH("生产部",工资总额汇总表! A5:A100,0)))。

（5）选择单元格 F7，输入公式：=INDEX(工资总额汇总表! B5:B100,MATCH("总计",工资总额汇总表! A5:A100,0))。

（6）记账凭证清单结果如图 2-31 所示。

	A	B	C	D	E	F	G	H	I
1	记账凭证清单								
2	日期	附件	摘要	科目名称	借方金额	贷方金额	制单人	审核人	记账人
3	4月30日	1	分配工资	管理费用	60400.00				
4	4月30日	1	分配工资	销售费用	24700.00				
5	4月30日	1	分配工资	基本生产成本	54100.00				
6	4月30日	1	分配工资	辅助生产成本					
7	4月30日	1	分配工资	应付职工薪酬		139200.00			

图 2-31　记账凭证清单结果

2.3.4 制作查询表

工资查询表是提供职工快速查询工资的通道，用户可以通过职工编号查询该职工的各项工资明细。其具体操作步骤如下：

视频：工资查询表

（1）先制作如图 2-32 所示的职工工资查询表。

职工工资查询表

输入要查询的职工编号：			
日期：		出勤状况：	
姓名：			
职务：			
应发薪金		应扣薪金	
项目	金额	项目	金额
基本工资		住房公积金	
职称工资		养老保险	
岗位工资		医疗保险	
工龄工资		失业保险	
浮动工资		病事假	
住房补贴		个人所得税	
伙食补贴			
交通补贴			
其他补贴			
奖金			
应发合计		应扣合计	
实发合计			

图 2-32　职工工资查询表

（2）选择单元格 E3，单击“数据”菜单，从面板中单击“数据验证”，弹出“数据验证”对话框（见图 2-33）。

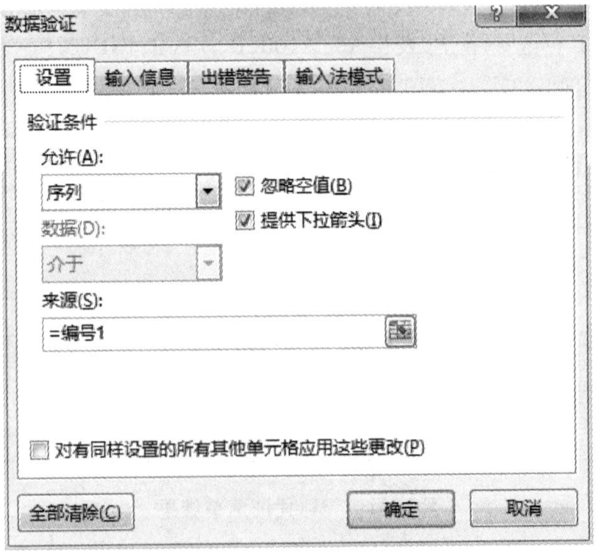

图 2-33　“数据验证”对话框

（3）在该对话框中，在“设置”选项卡中，允许选择“序列”，来源输入“=编号1”，再单击“输入信息”按钮，转换至“输入信息”选项卡（见图 2-34）。

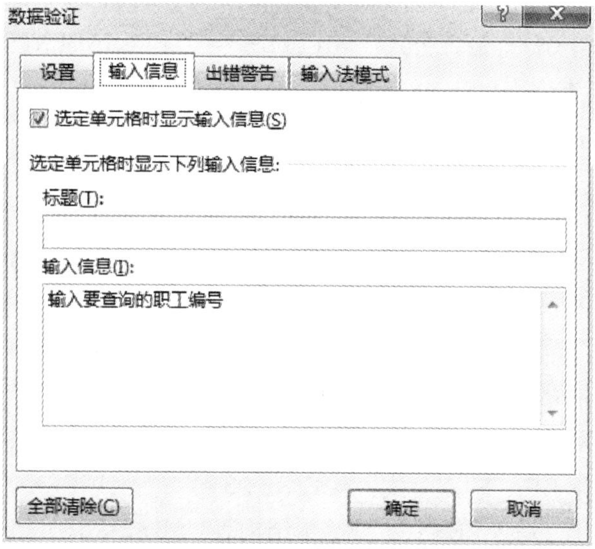

图 2-34 “输入信息”选项卡

（4）在此选项卡中，输入信息框中输入“输入要查询的职工编号”，然后单击“确定”按钮。

（5）选择单元格 C5，输入公式：=IF(E3="","",INDEX(工资基本结构表! A2:A100,MATCH(查询表! E3,工资基本结构表! B2:B100,0)))。

（6）选择单元格 C6，输入公式：=IF(E3="","",INDEX(工资基本结构表! C2:C100,MATCH(查询表! E3,工资基本结构表! B2:B100,0)))。

（7）选择单元格 C7，输入公式：=IF(E3="","",INDEX(公司职工基本情况! E2:E1000,MATCH(查询表! E3,公司职工基本情况! A2:A1000,0)))。

（8）选择单元格 E5，输入公式：=IF(ISERROR(INDEX('公司职工考勤表'! AJ5:AJ1000,MATCH(查询表! E3,'公司职工考勤表'! A5:A1000,0))),"","病假"&INDEX('公司职工考勤表'! AJ5:AJ1000,MATCH(查询表! E3,'公司职工考勤表'! A5:A1000,0))&"(天)")。

（9）选择单元格 E6，输入公式：=IF(ISERROR(INDEX('公司职工考勤表'! AK5:AK1000,MATCH(查询表! E3,'公司职工考勤表'! A5:A1000,0))),"","事假"&INDEX('公司职工考勤表'! AJ5:AJ1000,MATCH(查询表! E3,'公司职工考勤表'! A5:A1000,0))&"(天)")。

（10）选择单元格 E7，输入公式：=IF(ISERROR(INDEX('公司职工考勤表'! AL5:

AL1000,MATCH(查询表! E3,'公司职工考勤表'! A5:A1000,0))),"","旷工"&INDEX('公司职工考勤表'! AL5:AL1000,MATCH(查询表! E3,'公司职工考勤表'! A5:A1000,0))&"(天)")。

(11) 选择单元格 C11, 输入公式: =IF($E$3="","",INDEX(工资基本结构表! $E$2:$E$100,MATCH(查询表! $E$3,工资基本结构表! $B$2:$B$100,0)))。

(12) 选择单元格 C12, 输入公式: =IF($E$3="","",INDEX(工资基本结构表! $F$2:$F$100,MATCH(查询表! $E$3,工资基本结构表! $B$2:$B$100,0)))。

(13) 选择单元格 C13, 输入公式: =IF($E$3="","",INDEX(工资基本结构表! $G$2:$G$100,MATCH(查询表! $E$3,工资基本结构表! $B$2:$B$100,0)))。

(14) 选择单元格 C14, 输入公式: =IF($E$3="","",INDEX(工资基本结构表! $H$2:$H$100,MATCH(查询表! $E$3,工资基本结构表! $B$2:$B$100,0)))。

(15) 选择单元格 C15, 输入公式: =IF($E$3="","",INDEX(工资基本结构表! $I$2:$I$100,MATCH(查询表! $E$3,工资基本结构表! $B$2:$B$100,0)))。

(16) 选择单元格 C16, 输入公式: =IF($E$3="","",INDEX(工资基本结构表! $J$2:$J$100,MATCH(查询表! $E$3,工资基本结构表! $B$2:$B$100,0)))。

(17) 选择单元格 C17, 输入公式: =IF($E$3="","",INDEX(工资基本结构表! $K$2:$K$100,MATCH(查询表! $E$3,工资基本结构表! $B$2:$B$100,0)))。

(18) 选择单元格 C18, 输入公式: =IF($E$3="","",INDEX(工资基本结构表! $L$2:$L$100,MATCH(查询表! $E$3,工资基本结构表! $B$2:$B$100,0)))。

(19) 选择单元格 C19, 输入公式: =IF($E$3="","",INDEX(工资基本结构表! $M$2:$M$100,MATCH(查询表! $E$3,工资基本结构表! $B$2:$B$100,0)))。

(20) 选择单元格 C20, 输入公式: =IF($E$3="","",INDEX(工资基本结构表! $N$2:$N$100,MATCH(查询表! $E$3,工资基本结构表! $B$2:$B$100,0)))。

(21) 选择单元格 C21, 输入公式: =IF($E$3="","",INDEX(工资基本结构表! $O$2:$O$100,MATCH(查询表! $E$3,工资基本结构表! $B$2:$B$100,0)))。

(22) 选择单元格 E11, 输入公式: =IF($E$3="","",INDEX(工资基本结构表! $P$2:$P$100,MATCH(查询表! $E$3,工资基本结构表! $B$2:$B$100,0)))。

(23) 选择单元格 E12, 输入公式: =IF($E$3="","",INDEX(工资基本结构表! $Q$2:$Q$100,MATCH(查询表! $E$3,工资基本结构表! $B$2:$B$100,0)))。

(24) 选择单元格 E13, 输入公式: =IF($E$3="","",INDEX(工资基本结构表! $R$2:$R$100,MATCH(查询表! $E$3,工资基本结构表! $B$2:$B$100,0)))。

(25) 选择单元格 E14, 输入公式: =IF($E$3="","",INDEX(工资基本结构表! $S$2:$S$100,MATCH(查询表! $E$3,工资基本结构表! $B$2:$B$100,0)))。

(26) 选择单元格 E15, 输入公式: =IF($E$3="","",INDEX(工资基本结构表! $T

$2:$T$100,MATCH(查询表！$E$3,工资基本结构表！$B$2:$B$100,0)))。

（27）选择单元格 E16，输入公式：=IF($E$3="","",INDEX(工资基本结构表！$U$2:$U$100,MATCH(查询表！$E$3,工资基本结构表！$B$2:$B$100,0)))。

（28）选择单元格 E21，输入公式：=IF($E$3="","",INDEX(工资基本结构表！$V$2:$V$100,MATCH(查询表！$E$3,工资基本结构表！$B$2:$B$100,0)))。

（29）选择单元格 C23，输入公式：=IF($E$3="","",INDEX(工资基本结构表！$W$2:$W$100,MATCH(查询表！$E$3,工资基本结构表！$B$2:$B$100,0)))。

（30）最后单击 E5 单元格，选择“102”编号，得到查询结果（见图 2-35）。

职工工资查询表

输入要查询的职工编号：102

输入要查询的职工编号

日期：	7月	出勤状况：	病假 1
姓名：	王语嫣		事假 1
职务：	秘书		旷工 0（天）

应发薪金		应扣薪金	
项目	金额	项目	金额
基本工资	4 000.00	住房公积金	704.00
职称工资	500.00	养老保险	704.00
岗位工资	3 000.00	医疗保险	176.00
工龄工资	300.00	失业保险	88.00
浮动工资	0.00	病事假	606.90
住房补贴	200.00	个人所得税	45.63
伙食补贴	0.00		
交通补贴	300.00		
其他补贴	0.00		
奖金	500.00		
应发合计	8 800.00	应扣合计	2 324.53
实发合计	6 475.47		

图 2-35　查询职工工资

🕮能力拓展

工资核算表

任务描述：某公司为了提高工资核算效率，同时尽可能地节省成本，希望充分利用办公软件中 Excel 的强大功能。工资明细表见图 2-36。请你依据公司的要求，利用 Excel 设计工资核算系统，并用公式或函数计算有关项目。

工资明细表																
编号	姓名	所属部门	职员类别	基本工资	岗位工资	交补	奖金	病假天数	病假扣款	事假天数	事假扣款	养老金	应发合计	扣款合计	实发工资	日工资
1001	林同	厂办	企业管理人员	8 500												
1002	李芳	财务处	企业管理人员	7 000				1								
1003	薛明	人事处	企业管理人员	5 100						1						
1004	张仪	后勤部	福利人员	3 700						1						
1005	沈宏	金工车间	车间管理人员	5 250				2								
1006	张贤	金工车间	基本生产人员	3 800												
1007	周红	供气车间	辅助生产人员	3 650						0.5						
1008	陈正卿	库房	企业管理人员	4 650				0.5								
1009	马敏	销售	销售人员	3 500												
1010	王虎	机修车间	辅助生产人员	4 000												

图 2-36　工资明细表

要求：

（1）计算岗位工资。企管人员为 1 000 元，车间管理人员为 900 元，其他人员为 700 元。

（2）计算奖金。企管和车间管理人员为 200 元，销售人员为 250 元，其他人员为 300 元。

（3）计算交通补贴。销售人员为 300 元，其他人员为 200 元。

（4）计算日工资。日工资=（基本工资+岗位工资+交通补贴+奖金）/21.75。

（5）计算病事假扣款。病假按日工资 45%扣工资；事假按日工资 100%扣工资。

（6）计算应发合计。

（7）计算养老金，按 8%的比例计算。

（8）计算扣款合计。

（9）计算实发工资。

3 Excel 在固定资产管理中的应用

【知识目标】

（1）掌握固定资产核算系统的业务处理流程。

（2）掌握固定资产折旧的计算方法。

【能力目标】

（1）学会使用 Excel2016 设计固定资产核算系统。

（2）学会运用公式与函数及数据分析工具进行固定资产数据的汇总和查询。

【思政目标】

（1）会计人员应对固定资产的增减变动进行实时的账务管理，做到账、物、卡一致。

（2）遵守会计职业道德与公司章程，及时更新固定资产的增减变动情况。

固定资产是企业生产经营过程中的重要资料，具体是指使用期限超过一年且单位价值较高并保持原有实物形态的资产。加强企业的固定资产管理，对于保证固定资产安全完整、提高企业的生产能力、推动技术进步、提高企业经济效益，有着重要的意义。

3.1 固定资产初始化

固定资产初始化主要是设置类别编号、类别名称、使用部门、固定资产增加方式、使用情况、折旧方法、减少原因及折旧费用类别等相关内容。

【任务描述】

天龙公司是机械制造有限公司。公司为了加强企业固定资产管理，提高管理效率，也为了方便资产数据的管理，要求预先设置固定资产相关参数。

【任务目标】

（1）了解固定资产的核算流程。

（2）掌握固定资产核算所需的表格内容。

（3）掌握固定资产核算需预先设置的相关内容及作用。

【任务分析】

针对上述任务，根据公司管理制度以及固定资产的核算要求，利用 Excel 的基本功能，制作固定资产基本参数表并设置相关字段类型。

【任务实施】

3.1.1 制作固定资产基本参数表

建立固定资产基本参数表是为了方便以后输入相关数据，在参数表中设置项目及项目类型，主要有类别编号、类别名称、使用部门、固定资产增加方式、使用情况、折旧方法、减少原因及折旧费用类别等相关内容。具体操作步骤如下：

（1）新建 Excel 工作表，更改工作表“sheet1”的表名为“基本参数表”。

（2）在第一行输入类别编号、类别名称、使用部门、固定资产增加方式、使用情况、折旧方法、减少原因及折旧费用类别。

（3）选择区域 A2：A100，定义其数据格式为“文本”，并输入所有的类别编号。

（4）同理输入类别名称、使用部门、固定资产增加方式、使用情况、折旧方法、减少原因及折旧费用类别等相关内容（见图 3-1）。

	A	B	C	D	E	F	G	H
1	类别编号	类别名称	使用部门	增加方式	使用状况	折旧方法	减少原因	折旧费用类别
2	011	房屋	办公室	购入	正常使用	平均年限法	对外捐赠	制造费用
3	021	生产设备	后勤部	自建	未用	双倍余额法	出售	管理费用
4	031	工具器具	销售部	投入	融资租入	年数总和法	投资转出	营业费用
5	041	运输工具	信息部	盘盈	经营性租出		无偿调出	
6	051	办公设备	一分公司	捐赠	季节性停用		报废	
7			二分公司	内部调拔	大修理停用			
8				其他	已提足折旧			
9					报废			

图 3-1 基本参数表

3.1.2 定义区域名称

Excel 名称管理器用于对已命名的单元格区域进行管理，其中使用名称的作用在于以更加直观形象的方法来间接引用单元格或单元格区域。用户使用名称管理器时，编辑好名称后，在使用公式时就可以直接引用该名称，而不用选择该名称对应的数据区域。对于名称的使用，如同对单元格的引用一样，只需要输入对应的单元格区域名称，即可实现对单元格区域的引用。定义好区域的名称，对后面的函数应用有很大的帮助，使函数书写更加方便、快捷。

视频：定义区域名称

（1）涉及的函数。

①INDIRECT（）：返回由文本字符串指定的引用。此函数立即对引用进行计算，并显示其内容。当需要更改公式中单元格的引用，而不更改公式本身，可以使用此函数。

②COUNTA（）：返回参数列表中非空的单元格个数。

（2）使用名称管理器。

①单击“公式”菜单，在其面板上单击“名称管理器”，弹出“名称管理器”对话框（见图 3-2）。

图 3-2　名称管理器

②单击“新建”按钮，弹出的“新建名称”对话框，在名称栏中输入“类别编号”，在引用位置栏中输入“=INDIRECT("基本参数表！a2:a"&3+COUNTA(基本参数表！$A$2:$A$98))”（见图 3-3）。

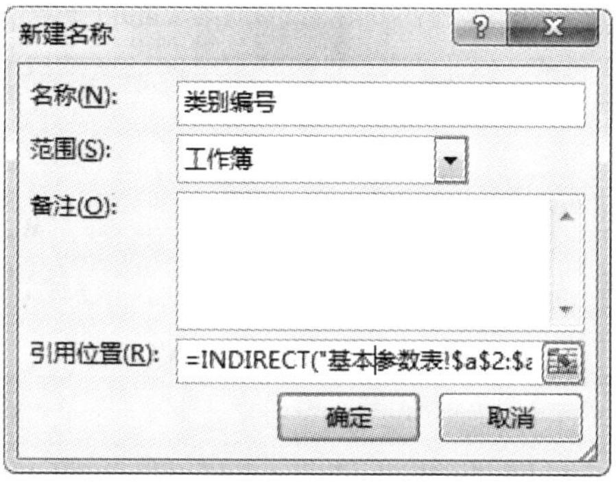

图 3-3　新建“类别编号”名称

③单击“确定”按钮返回，再单击“新建”按钮，在“新建名称”对话框的名称栏中输入“类别名称”，在引用位置栏中输入“=INDIRECT("基本参数表！b2:b"&3+COUNTA(基本参数表！$B$2:$B$98))”。

④单击“确定”按钮返回，再单击“新建”按钮，在“新建名称”对话框的名称栏中输入“使用部门”，在引用位置栏中输入“=INDIRECT("基本参数表！$C$2:C"&3+COUNTA(基本参数表！$C$2:$C$98))”。

⑤单击“确定”按钮返回，再单击“新建”按钮，在“新建名称”对话框的名称栏

中输入“增加方式”，在引用位置栏中输入“=INDIRECT("基本参数表！$D $2:$D $"&3+COUNTA(基本参数表！$D $2:$D $98))”。

⑥单击“确定”按钮返回，再单击“新建”按钮，在“新建名称”对话框的名称栏中输入“使用状况”，在引用位置栏中输入“=INDIRECT("基本参数表！$E $2:$E $"&3+COUNTA(基本参数表！$E $2:$E $98))”。

⑦单击“确定”按钮返回，再单击“新建”按钮，在“新建名称”对话框的名称栏中输入“折旧方法”，在引用位置栏中输入“=INDIRECT("基本参数表！$F $2:$F $"&3+COUNTA(基本参数表！$F $2:$F $98))”。

⑧单击“确定”按钮返回，再单击“新建”按钮，在“新建名称”对话框的名称栏中输入“减少原因”，在引用位置栏中输入“=INDIRECT("基本参数表！$G $2:$G $"&3+COUNTA(基本参数表！$G $2:$G $98))”。

⑨单击“确定”按钮返回，再单击“新建”按钮，在“新建名称”对话框的名称栏中输入“折旧费用类别”，在引用位置栏中输入“=INDIRECT("基本参数表！$H $2:$H $"&3+COUNTA(基本参数表！$H $2:$H $98))”。定义区域名称如图 3-4 所示。

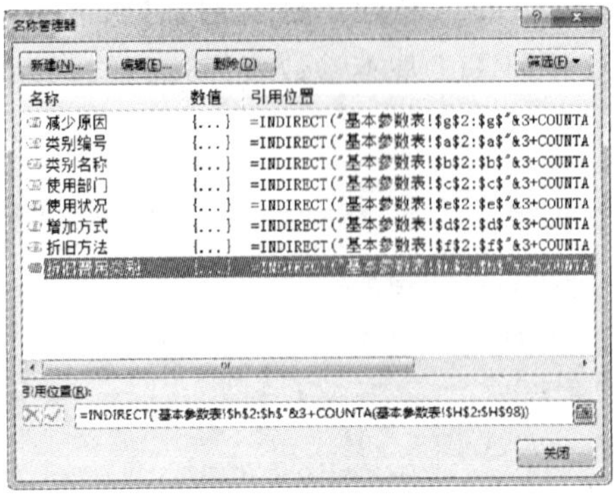

图 3-4　定义区域名称

3.2　制作固定资产清单

固定资产清单主要包括资产编号、资产名称、类别编号、类别名称、增加方式、折旧方法、已计提月份、本月累计折旧额、本月计提折旧额、本月末账面净值、净残值、折旧费用类别等相关内容。

【任务描述】

天龙公司是机械制造有限公司，公司为了加强企业固定资产管理，提高管理效率，也为了方便资产数据的管理，要求建立固定资产清单。

【任务目标】

（1）建立固定资产清单表格。

（2）根据企业固定资产的原始资料，填充固定资产清单。

【任务分析】

针对上述任务，根据公司管理制度以及固定资产的核算要求，利用 Excel 的公式与函数，录入固定资产清单的数据。

【任务实施】

3.2.1 建立固定资产清单

固定资产清单主要包括资产编号、资产名称、规格型号、类别编号、类别名称、使用部门、增加方式、使用状况、可使用年限、开始使用日期、折旧方法、资产原值、已计提月份、本月累计折旧额、本月计提折旧额、本月末账面净值、净残值、净残值率、折旧费用类别等（见图 3-5）。

视频：固定资产清单

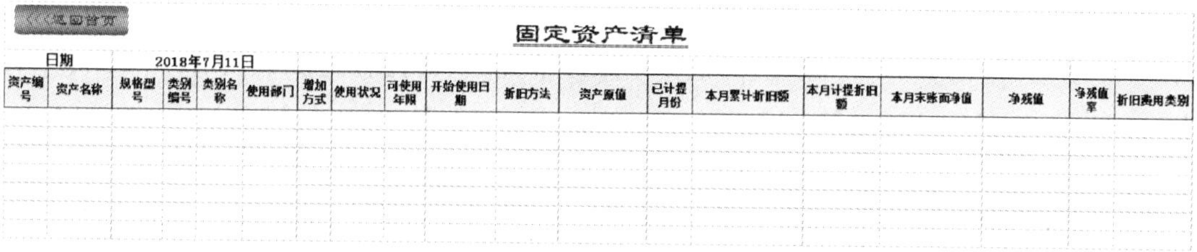
<<返回首页

固定资产清单

日期 2018年7月11日

资产编号	资产名称	规格型号	类别编号	类别名称	使用部门	增加方式	使用状况	可使用年限	开始使用日期	折旧方法	资产原值	已计提月份	本月累计折旧额	本月计提折旧额	本月末账面净值	净残值	净残值率	折旧费用类别

图 3-5 固定资产清单

3.2.2 录入固定资产资料

（1）资产编号、资产名称、规格型号、可使用日期、开始使用日期、资产原值、净残值直接录入。

（2）类别编号可在 D4 单元格里面输入“=INDEX(类别编号,MATCH(E4,类别名称,0))”来实现。

（3）类别名称、使用部门、增加方式、使用状况、折旧方法、折旧类别借助数据验证输入，如图 3-6 所示。

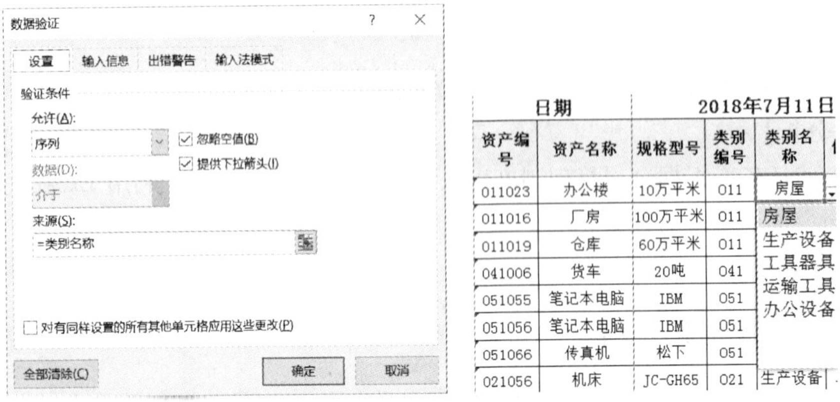

图 3-6 数据验证

（4）已计提月份。在 M4 单元格输入：=INT(DAYS360(J4,$C$2)/30)。

（5）本月累计折旧额：在 N4 单元格输入：=IF(K4="平均年限法",O4*M4,IF(K4="双倍余额法",IF(M4<=(I4-2)*12,VDB(L4,Q4,I4,0,INT(M4/12))+DDB(L4,Q4,I4,INT(M4/12)+1)/12*MOD(M4,12),VDB(L4,Q4,I4,0,I4-2)+(L4-VDB(L4,Q4,I4,0,I4-2)-Q4)/2*((INT((M4-(I4-2)*12)/12))+MOD(M4,12)/12)),IF(K4="年数总和法",(L4-Q4)/(I4*12)/(I4*12+1)*M4*(2*I4*12-M4+1),0)))。

（6）本月计提折旧额。在 O4 单元格输入：=IF(K4="平均年限法",SLN(L4,Q4,I4)/12,IF(K4="双倍余额法",IF(INT(M4/12)<=I4-2,DDB(L4,Q4,I4,INT(M4/12)+1)/12,(L4-VDB(L4,Q4,I4*12,0,(I4-2)*12,2)-Q4)/2/12),IF(K4="年数总和法",SYD(L4,Q4,I4*12,M4),"无意义")))。

（7）本月末账面净值。在 P4 单元格输入：=ROUND(L4-N4-O4,2)。

（8）残值率。在 R4 单元格输入：=Q4/L4。

（9）固定资产清单如图 3-7 所示。

<<<返回首页

固定资产清单

日期 2018年7月11日

资产编号	资产名称	规格型号	类别编号	类别名称	使用部门	增加方式	使用状况	可使用年限	开始使用日期	折旧方法	资产原值	已计提月份	本月累计折旧额	本月计提折旧额	本月末账面净值	净残值	净残值率	折旧费用类别
011023	办公楼	10万平米	011	房屋	信息部	自建	正常使用	30	2013/5/22	平均年限法	5,000,000.00	61	762,500.00	12,500.00	4,225,000.00	500,000.00	10.00%	管理费用
011016	厂房	100万平米	011	房屋	一分公司	自建	正常使用	30	2011/6/18	平均年限法	16,000,000.00	84	3,360,000.00	40,000.00	12,600,000.00	1,600,000.00	10.00%	制造费用
011019	仓库	60万平米	011	房屋	销售部	自建	正常使用	25	2012/3/18	平均年限法	2,000,000.00	75	450,000.00	6,000.00	1,544,000.00	200,000.00	10.00%	制造费用
041006	货车	20吨	041	运输工具	销售部	购入	正常使用	8	2013/10/8	平均年限法	300,000.00	57	171,000.00	3,000.00	126,000.00	12,000.00	4.00%	营业费用
051055	笔记本电脑	IBM	051	办公设备	信息部	购入	正常使用	6	2015/3/21	双倍余额法	12,000.00	39	8,740.74	98.77	3,160.49	240.00	2.00%	管理费用
051056	笔记本电脑	IBM	051	办公设备	后勤部	购入	正常使用	6	2015/3/21	双倍余额法	12,000.00	39	8,740.74	98.77	3,160.49	240.00	2.00%	管理费用
051066	传真机	松下	051	办公设备	办公室	购入	正常使用	5	2015/2/19	年数总和法	6,000.00	40	5,258.36	68.16	673.48	60.00	1.00%	管理费用
021056	机床	JC-GH65	021	生产设备	二分公司	购入	正常使用	10	2011/10/16	年数总和法	650,000.00	80	553,520.66	3,523.97	92,955.37	26,000.00	4.00%	制造费用
021057	机床	JC-GH68	021	生产设备	二分公司	购入	正常使用	10	2011/10/16	年数总和法	456,000.00	80	388,316.03	2,472.20	65,211.77	18,240.00	4.00%	制造费用
021031	吊车	QH-20S	021	生产设备	一分公司	购入	正常使用	12	2009/6/17	平均年限法	1,200,000.00	108	864,000.00	8,000.00	328,000.00	48,000.00	4.00%	制造费用
051077	复印机	佳能	051	办公设备	后勤部	购入	正常使用	5	2014/8/15	双倍余额法	45,000.00	46	39,142.50	324.00	5,533.50	450.00	1.00%	管理费用

图 3-7 固定资产清单

3.3 制作固定资产卡片

固定资产卡片主要包括卡片编号、固定资产编号、固定资产名称、类别编号、类别名称、规格型号、部门名称、增加方式、存放地点、使用状况、开始使用日期、原值、净残值率、净残值、折旧方法、尚可使用月数、已计提累计折旧额、尚可计提折旧额、计提费用类别。

3.3.1 建立固定资产卡片表

固定资产卡片如图 3-8 所示。

视频：固定资产卡片

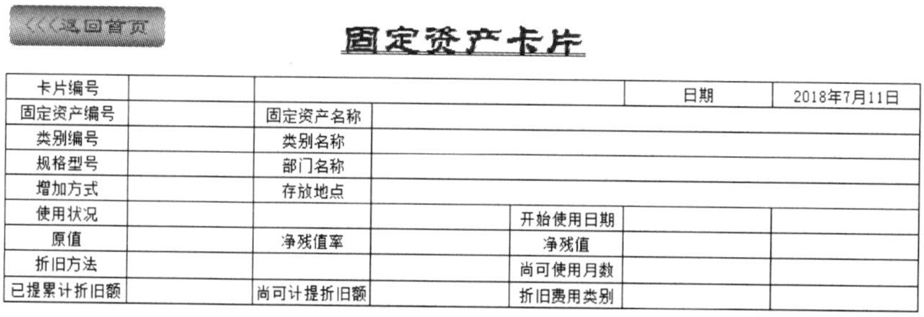

卡片编号				日期	2018年7月11日	
固定资产编号		固定资产名称				
类别编号		类别名称				
规格型号		部门名称				
增加方式		存放地点				
使用状况				开始使用日期		
原值		净残值率		净残值		
折旧方法				尚可使用月数		
已提累计折旧额		尚可计提折旧额		折旧费用类别		

图 3-8 固定资产卡片

3.3.2 录入卡片上面的数据

（1）卡片编号：在 C2 单元格输入="GD_ZC0"&MATCH($C$3,固定资产清单！$A$4:$A$100,0)。

（2）固定资产编号：借助数据验证。

（3）固定资产名称：=INDEX(固定资产清单！B4:B1000,MATCH(C3,固定资产清单！A4:A1000,0))。

（4）类别编号：=INDEX(固定资产清单！D4:D1000,MATCH(C3,固定资产清单！A4:A1000,0))。

（5）类别名称：=INDEX(固定资产清单！E4:E1000,MATCH(C3,固定资产清单！A4:A1000,0))。

（6）规格型号：=INDEX(固定资产清单！C4:C1000,MATCH(C3,固定资产清单！A4:A1000,0))。

（7）部门名称：=INDEX(固定资产清单！F4:F1000,MATCH(C3,固定资产清单！A4:

A1000,0))。

（8）增加方式：=INDEX(固定资产清单！G4:G1000,MATCH(C3,固定资产清单！A4:A1000,0))。

（9）存放地点：=INDEX(固定资产清单！F4:F1000,MATCH(C3,固定资产清单！A4:A1000,0))。

（10）使用状况：=INDEX(固定资产清单！H4:H1000,MATCH(C3,固定资产清单！A4:A1000,0))。

（11）使用年限：=INDEX(固定资产清单！I4:I1000,MATCH(C3,固定资产清单！A4:A1000,0))。

（12）开始使用日期：=INDEX(固定资产清单！J4:J1000,MATCH(C3,固定资产清单！A4:A1000,0))。

（13）原值：=INDEX(固定资产清单！L4:L1000,MATCH(C3,固定资产清单！A4:A1000,0))。

（14）净残值率：=INDEX(固定资产清单！R4:R1000,MATCH(C3,固定资产清单！A4:A1000,0))。

（15）净残值：=C8 * E8。

（16）折旧方法：=INDEX(固定资产清单！K4:K1000,MATCH(C3,固定资产清单！A4:A1000,0))。

（17）已计提月数：=INDEX(固定资产清单！M4:M1000,MATCH(C3,固定资产清单！A4:A1000,0))。

（18）尚可使用月数：=E7 * 12-E9。

（19）已提累计折旧额：=INDEX(固定资产清单！N4:N1000,MATCH(C3,固定资产清单！A4:A1000,0))。

（20）尚可计提折旧额：=C8-C10-G8。

（21）折旧费用类别：=INDEX(固定资产清单！S4:S1000,MATCH(C3,固定资产清单！A4:A1000,0))。

（22）固定资产卡片如图 3-9 所示。

<<<返回首页

固定资产卡片

卡片编号	GD_ZC03			日期	2018年7月11日	
固定资产编号	011019	固定资产名称	吊车			
类别编号	021	类别名称	生产设备			
规格型号	QH-20S	部门名称	一分公司			
增加方式	购入	存放地点	一分公司			
使用状况	正常使用	使用年限	25	开始使用日期	2009年6月17日	
原值	2 000 000.00	净残值率	10%	净残值	200 000.00	
折旧方法	平均年限法	已计提月数	75	尚可使用月数	36	
已提累计折旧额	450 000.00	尚可计提折旧额	288 000.00	折旧费用类别	制造费用	

图 3-9　固定资产卡片

3.3.3 固定资产折旧明细

（1）年份：=IF($C$9="","",IF(ROW()-ROW($B$14)<=$E$7,ROW()-ROW($B$14),""))。

（2）年折旧额：=IF(B15="","",IF($C$9="平均年限法",SLN($C$8,$G$8,$E$7),IF($C$9="双倍余额法",IF(B15<=$E$7-2,DDB($C$8,$G$8,$E$7,B15),(INDEX($H$15:$H$201,MATCH($E$7-2,$B$15:$B$201))-$G$8)/2),IF($C$9="年数总和法",SYD($C$8,$G$8,$E$7,B15),)))))。

（3）年折旧率：=IF(B15="","",ROUND(IF($C$9="平均年限法",(1-$E$8)/$E$7,IF($C$9="双倍余额法",2/$E$7,IF($C$9="年数总和法",2*($E$7-B15)/($E$7*($E$7+1)),0))),4))。

（4）月折旧额：=IF(B15="","",ROUND(C15/12,2))。

（5）月折旧率：=IF(B15="","",ROUND(D15/12,4))。

（6）累计折旧额：=IF(B15="","",G14+C15)。

（7）折余价值：=IF(B15="","",$H$14-G15)。

（8）折旧额明细如图 3-10 所示。

折旧额计算						
年份	年折旧额	年折旧率	月折旧额	月折旧率	累计折旧额	折余价值
0					—	12 000.00
1	4 000.00	33.33%	333.33	2.78%	4 000.00	8 000.00
2	2 666.67	33.33%	222.22	2.78%	6 666.67	5 333.33
3	1 777.78	33.33%	148.15	2.78%	8 444.44	3 555.56
4	1 185.19	33.33%	98.77	2.78%	9 629.63	2 370.37
5	1 065.19	33.33%	88.77	2.78%	10 694.81	1 305.19
6	1 065.19	33.33%	88.77	2.78%	11 760.00	240.00

图 3-10 折旧额明细

3.3.4 固定资产卡片信息查询

在 C3 单元格输入任意固定资产编号，按 Enter 键即可读取固定资产卡片信息和折旧明细信息，如果输入的固定资产编号不存在，会提示“您输入的内容，不符合限制条件”，查询结果如图 3-11 所示。

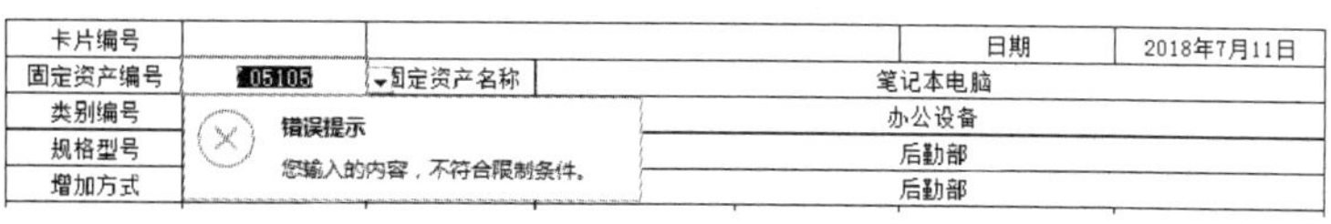

图 3-11 查询结果

3.4 固定资产统计分析

利用 Excel 的数据透视表和图表功能可以实现对资产信息的高效统计和直观分析，为固定资产管理人员提供相关信息，以完成相关的决策。

【任务描述】

公司为了提高固定资产管理效率，实现对资产信息的汇总分析、结构分析等，要求建立相应模型。

【任务目标】

（1）建立固定资产汇总分析模型。

（2）建立固定资产结构分析模型。

（3）建立折旧费用分配表。

【任务分析】

针对上述任务，根据公司管理制度以及固定资产的核算要求，利用 Excel 的数据透视表和图表等工具，进行固定资产的统计与分析。

【任务实施】

3.4.1 固定资产汇总分析

在日常的财务工作中，往往需要一份报表，用以提供当月固定资产原值的总额、当月计提折旧的总额及将折旧总额进行分类汇总等。

视频：固定资产汇总分析

具体操作步骤如下：

（1）选中固定资产清单中所有数据，在【插入】选项组的“表”中单击【数据透视表】按钮。

（2）在弹出的“创建数据透视表”对话框中选择放置数据表的位置，选中【新工作表】单选按钮，单击【确定】按钮。

（3）在“数据透视表字段列表”任务窗格中，拖动“固定资产名称”字段到“行标签”区域，拖动“使用部门”字段到“报表筛选”区域，拖动“资产原值”“本月累计折旧”字段到“数值”区域；修改列标题名称为资产原值合计和累计折旧额合计，创建完成的数据透视表如图 3-12 所示。

（4）单击 B1 单元格中的下三角按钮，从中可以选择任一部门（如生产部）单击【确定】按钮，则只显示生产部门的数据透视信息。

（5）修改当前工作表名称为“固定资产汇总分析”，效果固定资产结构分析如图 3-12 所示。

使用部门	(全部)	
资产名称	**资产原值合计**	**累计折旧额合计**
办公楼	5 000 000	362 500
笔记本电脑	24 000	18 271.60 494
仓库	2 000 000	258 000
厂房	16 000 000	2 080 000
传真机	6 000	1 467.147 541
吊车	1 200 000	608 000
复印机	45 000	19 800
货车	300 000	72 000
机床	1 106 000	677 420.4 298
总计	**25 681 000**	**4 097 459.182**

图 3-12　固定资产汇总分析

3.4.2　固定资产结构分析

企业的固定资产按经济用途可分为生产用固定资产和非生产用固定资产。其中生产用固定资产是指直接服务于企业生产经营过程中的房屋、建筑物、机器和设备等。除生产用固定资产之外的固定资产是非生产用固定资产。固定资产结构分析具体操作步骤如下：

视频：固定资产结构分析

（1）选中固定资产清单中所有数据，在【插入】选项组的“表”中单击【数据透视表】按钮。

（2）在弹出的“创建数据透视表”对话框中选择放置数据表的位置，选中【新工作表】单选按钮，单击【确定】按钮。

（3）在“数据透视表字段列表”任务窗格中，拖动“固定资产名称”字段到“行标签”区域，拖动“资产原值”到“数值”区域；修改列标题为资产原值合计。

（4）在资产名称列，选中所有生产用固定资产右击选“组合”，在编辑框修改组的名称为“生产用固定资产”；选中所有非生产用固定资产右击选“组合”，在编辑框修改组的名称为“非生产用固定资产”；通过“设计”选项组下面的“分类汇总”显示出每一组的汇总结果。

（5）点击“生产用固定资产”前面的减号进行折叠，只显示生产用固定资产汇总结果，固定资产结构分析如图 3-13 所示。

固定资产	**资产名称**	**资产原值合计**
⊞**生产用固定资产**		**25 606 000**
⊟**非生产用固定资产**		
	笔记本电脑	24 000
	传真机	6 000
	复印机	45 000
总计		**25 681 000**

图 3-13　固定资产结构分析

（6）选中所有固定资产结构分析数据，点击在【插入】选项组的“图表”选择复合饼图。

（7）在图表上右击选择“设置数据系列格式”，系列分割依据选“位置”，在第二绘图区中的值选“3”；在图表上右击选择“设置数据标签格式”，标签包括勾选：类别名称、百分比、显示引导线，标签位置：最佳匹配。

（8）修改当前工作表名称为“固定资产结构图表分析”，如图 3-14 所示。

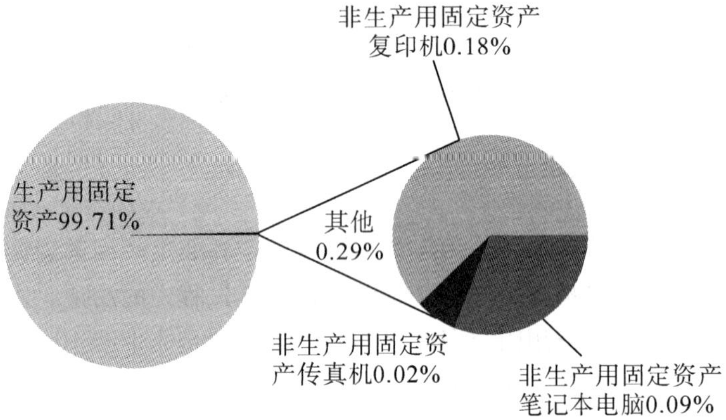

图 3-14　固定资产结构图表分析

3.4.3　编制折旧费用分配表

折旧费用分配表编制具体操作步骤如下：

（1）选中固定资产清单中所有数据，在【插入】选项组的“表”中单击【数据透视表】按钮。

视频：折旧费用分配表

（2）在弹出的“创建数据透视表”对话框中选择放置数据表的位置，选中【新工作表】单选按钮，单击【确定】按钮。

（3）在“数据透视表字段列表”任务窗格中，拖动“折旧费用类别”字段到“行标签”区域，拖动“使用部门”字段到“行标签”区域，拖动“资产原值”“本月计提折旧额”字段到“数值”区域；修改列标题名称为资产原值合计和本月计提折旧额合计。

（4）点击在【分析】选项组的“选项”，打开数据透视表选项窗口，切换到“显示”，取消“显示展开/折叠按钮”。

（5）修改当前工作表名称为“折旧费用分配表”，如图 3-15 所示。

折旧费用类别	使用部门	资产原值合计	本月计提折旧额合计
管理费用			
	办公室	6 000	68.16 393 443
	后勤部	57 000	422.7 654 321
	信息部	5 012 000	12 598.76 543
营业费用			
	销售部	300 000	3 000
制造费用			
	二分公司	1 106 000	5 996.165 289
	销售部	2 000 000	6 000
	一分公司	17 200 000	48 000
总计		**25 681 000**	**76 085.86 009**

图 3-15　折旧费用分配表

4　Excel 在会计凭证管理中的应用

【知识目标】

了解使用 Excel2016 进行凭证管理的步骤和方法。

【能力目标】

（1）学会使用 Excel2016 进行凭证处理的操作。

（2）学会使用 Excel2016 设计会计科目表、专用凭证、科目汇总表等。

【思政目标】

（1）遵守会计职业道德和企业精神，秉持客观公正的做账原则，做到爱岗敬业，不做假账。

（2）保持严肃认真的工作态度，认真处理企业各项账务，规范编制企业各种会计凭证。

在传统的信息化会计核算工作中，会计凭证主要表现为在经济业务活动过程中产生的纸介质原始单据，经过经办人员签字、盖章后作为正式原始会计凭证。在目前的信息化会计核算工作环境下，会计凭证不再只以纸张作为记录的载体，用户还可利用 OFFICE 办公软件将之记录在计算机系统中的磁介质或光介质上，这极大地改变了会计凭证的传递和存在方式。

4.1　设置科目及期初余额

会计科目，是指对会计要素的具体内容进行分类核算的项目。会计要素是对会计对象的基本分类，资产、负债、所有者权益、收入、费用和利润这六个会计要素也就是会计核算和监督的六个方面。会计科目可以按照不同的标准进行分类：

（1）会计科目按照其所提供信息的详细程度及其统驭关系不同分类。

①总分类科目。总分类科目是对会计要素的具体内容进行总括分类、提供总括信息的会计科目，如“应收账款”“应付账款”“原材料”等。

②明细分类科目。明细分类科目是对总分类科目做进一步分类、提供更详细的会计信息的科目。例如，“应收账款”科目按债务人名称或姓名设置明细科目，反映应收账款的具体对象；“应付账款”科目按债权人名称或姓名设置明细科目，反映应付账款的具体对象；“原材料”科目按材料的类别、品种、规格等设置明细科目，反映各类材料的具体内容。在明细科目下面，还可根据会计核算需要再设置其明细科目，即明细科目的明细科目。总分类与其明细科目之间、明细科目与其明细科目之间，具有上下级的隶属关系。

（2）会计科目按其所归属的会计要素分类。

会计科目按其所归属的会计要素不同，分为资产类、负债类、所有者权益类、成本类、损益类五大类。

①资产类科目是指用于核算各种资产增减变化，提供资产类项目会计信息的会计科目。

②负债类科目是指用于核算各项负债增减变化，提供负债类项目会计信息的会计科目。

③所有者权益类科目是指用于核算各项所有者权益增减变化，提供所有者权益有关项目会计信息的会计科目。

④成本类项目是指用于核算成本的发生和归集，提供成本相关会计信息的会计科目。

⑤损益类科目是指用于核算收入、费用的发生和归集，提供一定期间损益相关会计信息的会计科目。

在完成了会计科目表的设置以后，以上期期末余额为基础，在科目余额表中填入由上期结转至本期的金额，或是上期期末余额调整后的金额。通常，期初余额是上期账户结转至本期账户的余额，在数额上与相应账户的上期期末余额相等。

【任务描述】

天龙公司是机械制造有限公司，公司为了体现各项会计要素的增减变化，以便为企业内部经营管理提供具体分类核算指标，特制定会计科目表并根据上期期末余额填入相应科目余额表中。

【任务目标】

（1）了解六大类常用的总分类科目。

（2）了解六大类常用的明细分类科目。

（3）掌握会计科目表的使用。

（4）掌握期初余额表的使用。

【任务分析】

针对上述任务，在不违反会计准则中确认、计量和报告规定的前提下，根据公司的实际情况自行增设、分拆、合并会计科目，制定会计科目表。对于明细科目，企业可以自行设置。会计科目编号供企业填制会计凭证、登记会计账簿、查阅会计账目、采用会计软件系统参考，企业可结合实际情况自行确定会计科目编号。

【任务分解】

本任务可以分解为以下 3 个子任务。

子任务 1：制作会计科目表。

子任务 2：美化会计科目表。

子任务 3：制作期初余额表。

【任务实施】

4.1.1 制作会计科目表

4.1.1.1 表格的创建

操作步骤如下：

（1）打开 Excel2016。

（2）选择【文件】→【新建】→【空白工作簿】→【创建】（见图 4-1）。

视频：会计科目表

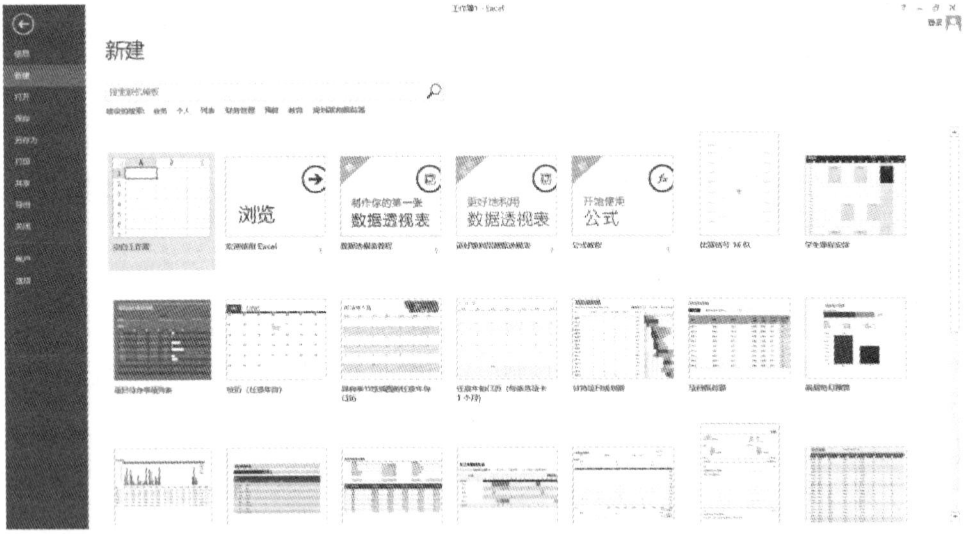

图 4-1 “新建”对话框

4.1.1.2 表格的命名

操作步骤如下：

（1）打开“Sheet1”。

（2）单击鼠标右键，选择【重命名】（见图 4-2）。

（3）输入“会计科目表”，按回车键。

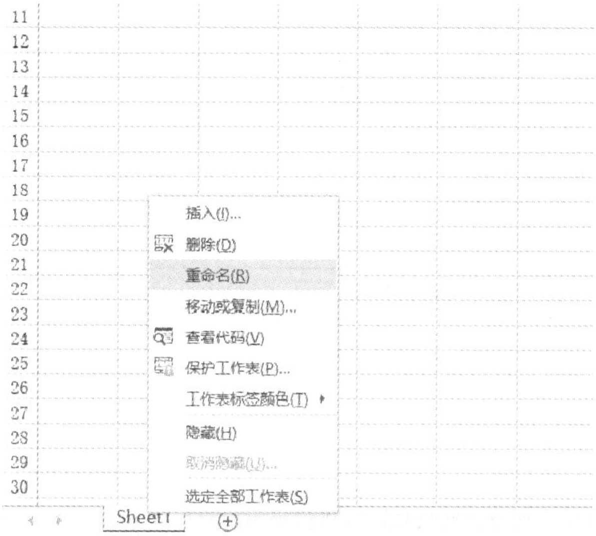

图 4-2 “重命名”对话框

4.1.1.3 文字和数据的录入

操作步骤如下：

(1) 选择“会计科目表”单元格区域 A1：D1。

(2) 点击【开始】中【合并及居中】工具（见图 4-3），在合并后的单元格中输入“会计科目表”。

图 4-3 “合并及居中”对话框

（3）对照下面的会计科目表（见表4-1），录入表格其他内容。

表4-1　会计科目表

顺序号	编号	会计科目名称	会计科目适用范围说明
		一、资产类	
1	1001	库存现金	
2	1002	银行存款	
3	1003	存放中央银行款项	银行专用
4	1011	存放同业	银行专用
5	1015	其他货币资金	
6	1021	结算备付金	证券专用
7	1031	存出保证金	金融共用
8	1101	交易性金融资产	
9	1111	买入返售金融资产	金融共用
10	1121	应收票据	
11	1122	应收账款	
12	1123	预付账款	
13	1131	应收股利	
14	1132	应收利息	
15	1201	应收代位追偿款	保险专用
16	1200	应收分保账款	保险专用
17	1212	应收分保合同准备金	保险专用
18	1221	其他应收款	
19	1231	坏账准备	
20	1301	贴现资产	银行专用
21	1302	拆出资金	金融共用
22	1303	贷款	银行和保险共用
23	1304	贷款损失准备	银行和保险共用
24	1311	代理兑付证券	银行和证券共用
25	1321	代理业务资产	
26	1401	材料采购	
27	1402	在途物资	
28	1403	原材料	

表4-1(续)

顺序号	编号	会计科目名称	会计科目适用范围说明
29	1404	材料成本差异	
30	1405	库存商品	
31	1406	发出商品	
32	1407	商品进销差价	
33	1408	委托加工物资	
34	1411	周转材料	包装物、低值易耗品
35	1421	消耗性生物资产	农业专用
36	1431	贵金属	金融共用
37	1441	抵债资产	金融共用
38	1451	损余物资	保险专用
39	1461	融资租赁资产	租赁专用
40	1471	存货跌价准备	
41	1501	持有至到期投资	
42	1502	持有至到期投资减值准备	
43	1503	可供出售金融资产	
44	1511	长期股权投资	
45	1512	长期股权投资减值准备	
46	1521	投资性房地产	
47	1531	长期应收款	
48	1532	未实现融资收益	
49	1541	存出资本保证金	保险专用
50	1601	固定资产	
51	1602	累计折旧	
53	1603	固定资产减值准备	
54	1604	在建工程	
55	1605	工程物资	
55	1606	固定资产清理	
56	1611	未担保余值	租赁专用
57	1621	生产性生物资产	农业专用
58	1622	生产性生物资产累计折旧	农业专用
59	1623	公益性生物资产	农业专用

表4-1(续)

顺序号	编号	会计科目名称	会计科目适用范围说明
60	1631	油气资产	石油天然气开采专用
61	1632	累计折耗	石油天然气开采专用
62	1701	无形资产	
63	1702	累计摊销	
64	1703	无形资产减值准备	
65	1711	商誉	
66	1801	长期待摊费用	
67	1811	递延所得税资产	
68	1821	独立账户资产	保险专用
69	1901	待处理财产损溢	
		二、负债类	
70	2001	短期借款	
71	2002	存入保证金	金融共用
72	2003	拆入资金	金融共用
73	2004	向中央银行借款	银行专用
74	2011	吸收存款	银行专用
75	2012	同业存放	银行专用
76	2021	贴现负债	银行专用
77	2101	交易性金融负债	
78	2111	卖出回购金融资产款	金融共用
79	2201	应付票据	
80	2202	应付账款	
81	2205	预收账款	
82	2211	应付职工薪酬	
83	2221	应交税费	
84	2231	应付利息	
85	2232	应付股利	
86	2241	其他应付款	
87	2251	应付保单红利	保险专用
88	2261	应付分保账款	保险专用
89	2311	代理买卖证券款	证券专用

表4-1(续)

顺序号	编号	会计科目名称	会计科目适用范围说明
90	2312	代理承销证券款	证券和银行共用
91	2313	代理兑付证券款	证券和银行共用
92	2314	代理业务负债	
93	2401	递延收益	
94	2501	长期借款	
95	2502	应付债券	
96	2601	未到期责任准备金	保险专用
97	2602	保险责任准备金	保险专用
98	2611	保户储金	保险专用
99	2621	独立账户负债	保险专用
100	2701	长期应付款	
101	2702	未确认融资费用	
102	2711	专项应付款	
103	2801	预计负债	
104	2901	递延所得税负债	
		三、共同类	
105	3001	清算资金往来	银行专用
106	3002	外汇买卖	金融共用
107	3101	衍生工具	
108	3201	套期工具	
109	3202	被套期项目	
		四、所有者权益类	
110	4001	实收资本	
111	4002	资本公积	
112	4101	盈余公积	
113	4102	一般风险准备	金融共用
114	4103	本年利润	
115	4104	利润分配	
116	4201	库存股	
		五、成本类	
117	5001	生产成本	

表4-1(续)

顺序号	编号	会计科目名称	会计科目适用范围说明
118	5101	制造费用	
119	5201	劳务成本	
120	5301	研发支出	
121	5401	工程施工	建造承包商专用
122	5402	工程结算	建造承包商专用
123	5403	机械作业	建造承包商专用
		六、损益类	
124	6001	主营业务收入	
125	6011	利息收入	金融共用
126	6021	手续费及佣金收入	金融共用
127	6031	保费收入	保险专用
128	6041	租赁收入	租赁专用
129	6051	其他业务收入	
130	6061	汇兑损益	金融专用
131	6101	公允价值变动损益	
132	6111	投资损益	
133	6201	摊回保险责任准备金	保险专用
134	6202	摊回赔付支出	保险专用
135	6203	摊回分保费用	保险专用
136	6301	营业外收入	
137	6401	主营业务成本	
138	6402	其他业务支出	
139	6403	税金及附加	
140	6411	利息支出	金融共用
141	6421	手续费及佣金支出	金融共用
142	6501	提取未到期责任准备金	保险专用
143	6502	提取保险责任准备金	保险专用
144	6511	赔付支出	保险专用
145	6521	保单红利支出	保险专用
146	6531	退保金	保险专用
147	6541	分出保费	保险专用

表4-1(续)

顺序号	编号	会计科目名称	会计科目适用范围说明
148	6542	分保费用	保险专用
149	6601	销售费用	
150	6602	管理费用	
151	6603	财务费用	
152	6604	勘探费用	石油天然气开采专用
153	6701	资产减值损失	
154	6711	营业外支出	
155	6801	所得税费用	
156	6901	以前年度损益调整	

4.1.2 美化会计科目表

4.1.2.1 调整行高

操作步骤如下：

（1）选择需要调整行号的行，点击【开始】中的【格式】工具。

（2）选择【行高】命令（见图 4-4），弹出对话框（见图 4-5）。

（3）输入需要的行高值，单击【确定】按钮即可。

图 4-4 “格式”对话框

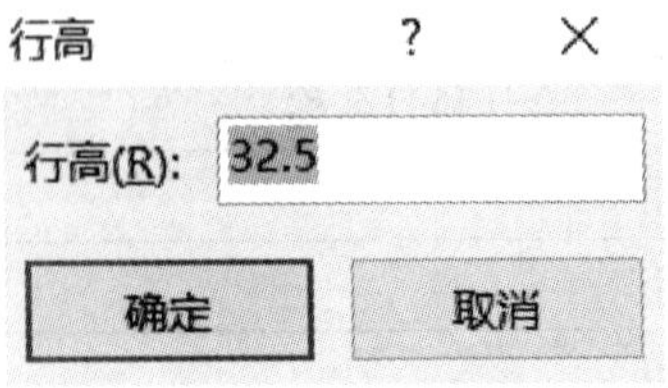

图 4-5 “行高”对话框

4.1.2.2 调整列宽

操作步骤如下：

（1）选择需要调整行号的行，点击【开始】中的【格式】工具。

（2）选择【列宽】命令，弹出对话框。

（3）输入需要的行高值，单击【确定】按钮即可。

4.1.2.3 调整字体格式

操作步骤如下：

（1）选中单元格 A1，将标题字体改为黑体，字号改为 22，加粗（见图 4-6）。

（2）将其他文字字体改为黑体，字号改为 12。

图 4-6 “字体”对话框

4.1.2.4 添加边框

操作步骤如下：

（1）选择单元格区域 A2：D168。

（2）【右键】→【设置单元格格式】→【边框】。

（3）选择【内部】和【上、下边框】即可（见图 4-7）。

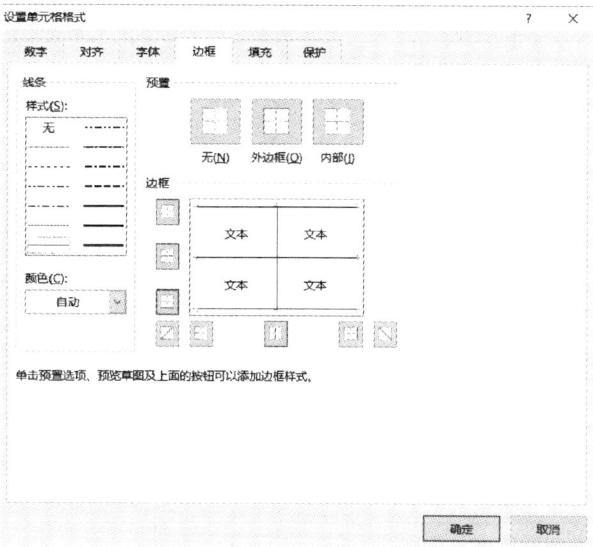

图 4-7 “边框”对话框

4.1.3 制作期初余额表

在“表 4-1 会计科目表”的同一个工作簿中新建一个工作表，参照表 4-2 制作期初余额表，要求表格合理美观。

视频：期初余额表

表 4-2 期初余额表

2019 年 1 月　　　　单位：元

科目代码	会计科目名称	期初余额	
		借方	贷方
1001	库存现金		
1002	银行存款		
1003	存放中央银行款项		
1011	存放同业		
1015	其他货币资金		
1021	结算备付金		
1031	存出保证金		
1101	交易性金融资产		

表4-2(续)

科目代码	会计科目名称	期初余额	
		借方	贷方
1111	买入返售金融资产		
1121	应收票据		
1122	应收账款		
1123	预付账款		
1131	应收股利		
1132	应收利息		
1201	应收代位追偿款		
1200	应收分保账款		
1212	应收分保合同准备金		
1221	其他应收款		
1231	坏账准备		
1301	贴现资产		
1302	拆出资金		
1303	贷款		
1304	贷款损失准备		
1311	代理兑付证券		
1321	代理业务资产		
1401	材料采购		
1402	在途物资		
1403	原材料		
1404	材料成本差异		
1405	库存商品		
1406	发出商品		
1407	商品进销差价		
1408	委托加工物资		
1411	周转材料		
1421	消耗性生物资产		
1431	贵金属		

表4-2(续)

科目代码	会计科目名称	期初余额	
		借方	贷方
1441	抵债资产		
1451	损余物资		
1461	融资租赁资产		
1471	存货跌价准备		
1501	持有至到期投资		
1502	持有至到期投资减值准备		
1503	可供出售金融资产		
1511	长期股权投资		
1512	长期股权投资减值准备		
1521	投资性房地产		
1531	长期应收款		
1532	未实现融资收益		
1541	存出资本保证金		
1601	固定资产		
1602	累计折旧		
1603	固定资产减值准备		
1604	在建工程		
1605	工程物资		
1606	固定资产清理		
1611	未担保余值		
1621	生产性生物资产		
1622	生产性生物资产累计折旧		
1623	公益性生物资产		
1631	油气资产		
1632	累计折耗		
1701	无形资产		
1702	累计摊销		
1703	无形资产减值准备		

表4-2(续)

科目代码	会计科目名称	期初余额	
		借方	贷方
1711	商誉		
1801	长期待摊费用		
1811	递延所得税资产		
1821	独立账户资产		
1901	待处理财产损溢		
2001	短期借款		
2002	存入保证金		
2003	拆入资金		
2004	向中央银行借款		
2011	吸收存款		
2012	同业存放		
2021	贴现负债		
2101	交易性金融负债		
2111	卖出回购金融资产款		
2201	应付票据		
2202	应付账款		
2205	预收账款		
2211	应付职工薪酬		
2221	应交税费		
2231	应付利息		
2232	应付股利		
2241	其他应付款		
2251	应付保单红利		
2261	应付分保账款		
2311	代理买卖证券款		
2312	代理承销证券款		
2313	代理兑付证券款		
2314	代理业务负债		

表4-2(续)

科目代码	会计科目名称	期初余额	
		借方	贷方
2401	递延收益		
2501	长期借款		
2502	应付债券		
2601	未到期责任准备金		
2602	保险责任准备金		
2611	保户储金		
2621	独立账户负债		
2701	长期应付款		
2702	未确认融资费用		
2711	专项应付款		
2801	预计负债		
2901	递延所得税负债		
3001	清算资金往来		
3002	外汇买卖		
3101	衍生工具		
3201	套期工具		
3202	被套期项目		
4001	实收资本		
4002	资本公积		
4101	盈余公积		
4102	一般风险准备		
4103	本年利润		
4104	利润分配		
4201	库存股		
5001	生产成本		
5101	制造费用		
5201	劳务成本		
5301	研发支出		

表4-2(续)

科目代码	会计科目名称	期初余额	
		借方	贷方
5401	工程施工		
5402	工程结算		
5403	机械作业		
6001	主营业务收入		
6011	利息收入		
6021	手续费及佣金收入		
6031	保费收入		
6041	租赁收入		
6051	其他业务收入		
6061	汇兑损益		
6101	公允价值变动损益		
6111	投资损益		
6201	摊回保险责任准备金		
6202	摊回赔付支出		
6203	摊回分保费用		
6301	营业外收入		
6401	主营业务成本		
6402	其他业务支出		
6403	税金及附加		
6411	利息支出		
6421	手续费及佣金支出		
6501	提取未到期责任准备金		
6502	提取保险责任准备金		
6511	赔付支出		
6521	保单红利支出		
6531	退保金		
6541	分出保费		
6542	分保费用		

表4-2(续)

科目代码	会计科目名称	期初余额	
		借方	贷方
6601	销售费用		
6602	管理费用		
6603	财务费用		
6604	勘探费用		
6701	资产减值损失		
6711	营业外支出		
6801	所得税费用		
6901	以前年度损益调整		

4.2 制作专用凭证

会计凭证是记录经济业务、明确经济责任、按一定格式编制的据以登记会计账簿的书面证明。会计凭证记录经济业务的合法性与合理性，保证了会计记录的真实性。

会计凭证按其编制程序和用途的不同，分为原始凭证和记账凭证。前者又称单据，是在经济业务最初发生之时填制的原始书面证明，如销货发票、款项收据等。后者又称记账凭单，是以审核无误的原始凭证为依据，按照经济业务的事项内容加以归类，并据以确定会计分录后所填制的会计凭证。

本节讨论的是记账凭证，它是登记账簿的直接依据，常用的记账凭证有收款凭证、付款凭证、转账凭证等。记账凭证按其反映的经济业务内容的不同，可以分为收款凭证、付款凭证和转账凭证。

（1）收款凭证。

收款凭证是用以记录现金、银行存款收入业务的记账凭证。其具体可以分为现金收款凭证、银行存款收款凭证。在实际工作中，收款凭证一般是由出纳人员根据有关人员审核批准后的收款单据编制而成的。

（2）付款凭证。

付款凭证是用以记录现金、银行存款支付业务的记账凭证。其具体可以分为现金付款凭证、银行存款付款凭证。在实际工作中，它是由出纳人员根据有关人员审核批准后的付款单据编制而成的。

（3）转账凭证。

转账凭证是用以记录不涉及现金、银行存款收付的其他经济业务，即转账业务。它是根据有关转账业务的原始凭证编制而成的。

【任务描述】

天龙公司是机械制造有限公司，公司为了纪录经济业务的发生和完成情况，为会计核算提供原始依据，以检查经济业务的真实性、合法性和合理性，按照一定的格式编制多种会计凭证。

【任务目标】

（1）掌握记账凭证的使用。

（2）掌握收款凭证的使用。

（3）掌握付款凭证的使用。

（4）掌握转账凭证的使用。

【任务分析】

针对上述任务，公司会计人员应该根据凭证记录原则如实并且及时地纪录发生的经济业务，填制和审核会计凭证，提供会计信息，发挥会计监督的作用。

【任务分解】

本任务可以分解为以下4个子任务：

子任务1：制作记账凭证。

子任务2：制作收款凭证。

子任务3：制作付款凭证。

子任务4：制作转账凭证。

【任务实施】

4.2.1 制作记账凭证

在“表4-1 会计科目表”的同一个工作簿中新建一个工作表，命名为“记账凭证”，参照表4-3 制作记账凭证，要求表格合理美观。

视频：记账凭证

表 4-3 记账凭证

记　账　凭　证

年　月　日

摘　要	总账科目	明细科目	借　方										记账符号	借　方										记账符号
			千	百	十	万	千	百	十	元	角	分		千	百	十	万	千	百	十	元	角	分	
提现	库存现金							8	0	0	0	0												
提现	银行存款	工商银行																	8	0	0	0	0	
结算方式及票号：		合计金额					¥	8	0	0	0	0						¥	8	0	0	0	0	

附单据 1 张

结算方式填写处
现金
转账支票
银行汇款
商业汇票
银行本票

会计主管：　记账：　稽核：　出纳：　制单：

4.2.2 制作收款凭证

在“表 4-1 会计科目表”的同一个工作簿中新建一个工作表，命名为“收款凭证”，参照表 4-4 制作收款凭证，要求表格合理美观。

视频：收款凭证

表 4-4 收款凭证

收款凭证

借方科目：　年　月　日　字第　号

摘要	贷方科目		金额											记账
	总账科目	明细科目	亿	千	百	十	万	千	百	十	元	角	分	

附　件　张

会计主管　记账　出纳　审核　制证

4.2.3 制作付款凭证

在“表4-1 会计科目表”的同一个工作簿中新建一个工作表，命名为“付款凭证”，参照表4-5制作付款凭证，要求表格合理美观。

视频：付款凭证

表4-5 付款凭证

付款凭证

贷方科目：　　　　年　　月　　日　　　　字第　　号

摘要	借方科目		金额											记账
	总账科目	明细科目	亿	千	百	十	万	千	百	十	元	角	分	

附　件　张

会计主管　　记账　　出纳　　审核　　制证

4.2.4 制作转账凭证

在“表4-1 会计科目表”的同一个工作簿中新建一个工作表，命名为“转账凭证”，参照表4-6制作转账凭证，要求表格合理美观。

视频：转账凭证

表 4-6 转账凭证

转账凭证

年 月 日　　　　　　　　　　　　转字第 号

摘要	总账科目	明细科目	记账	借方金额								贷方金额							
				十	万	千	百	十	元	角	分	十	万	千	百	十	元	角	分
金额合计（大写）																			

附件 张

主管：　　记账：　　审核：　　出纳：　　制单：

4.3 制作科目汇总表

科目汇总表，是企业定期对全部记账凭证进行汇总后，按照不同的会计科目分别列示各账户借方发生额和贷方发生额的一种汇总凭证。

科目汇总表的编制方法是根据一定时期内的全部记账凭证，按照会计科目进行归类，定期汇总出每一个账户的借方本期发生额和贷方本期发生额，填写在科目汇总表的相关栏内。科目汇总表可每月编制一张，按旬汇总，也可每旬汇总编制一次。任何格式的科目汇总表，都只反映各个账户的借方本期发生额和贷方本期发生额，不反映各个账户之间的对应关系。科目汇总表的编制时间可以是五天、十天、十五天、一个月，具体情况视单位的业务量而定。

编制科目汇总表的意义有：

（1）起到试算平衡的作用，保证总分类账登记的正确。

（2）反映各科目的借、贷方发生额。

（3）可以大大减轻登记总账的工作量。

【任务描述】

天龙公司是机械制造有限公司，公司根据日常发生的经济业务编制了各种记账凭证，接着将所有记账凭证汇总编制成科目汇总表，从而显示一个会计期间的整个财务状况和经营成果，为后续登记总分类账提供依据。

【任务目标】

（1）了解科目汇总表的财务处理程序。

（2）掌握科目汇总表的使用。

【任务分析】

针对上述任务，公司会计人员应该根据一定时期内所有的记账凭证定期加以汇总而重新编制记账凭证。将汇总期内各项交易或事项所涉及的总账科目填列在科目汇总表的“会计科目”栏内，然后根据汇总期内所有记账凭证，按会计科目分别加计其借方发生额和贷方发生额，并将其汇总金额填在相应会计科目的“借方”和“贷方”栏内。

【任务分解】

本任务可以分解为以下2个子任务：

子任务1：科目汇总表的财务处理程序。

子任务2：制作科目汇总表。

【任务实施】

4.3.1 科目汇总表的处理程序

科目汇总表账务处理程序的一般步骤是：

（1）根据原始凭证填制汇总原始凭证。

（2）根据原始凭证或汇总原始凭证填制记账凭证。

（3）根据收款凭证、付款凭证逐笔登记库存现金日记账和银行存款日记账。

（4）根据原始凭证、汇总原始凭证和记账凭证，登记各种明细分类账。

（5）根据各种记账凭证编制科目汇总表。

（6）根据科目汇总表登记总分类账。

（7）期末，将库存现金日记账、银行存款日记账和明细分类账的余额同有关总分类账的余额核对是否相符。

（8）期末，根据总分类账和明细分类账的记录，编制财务报表。科目汇总表财务处理程序如图4-8所示。

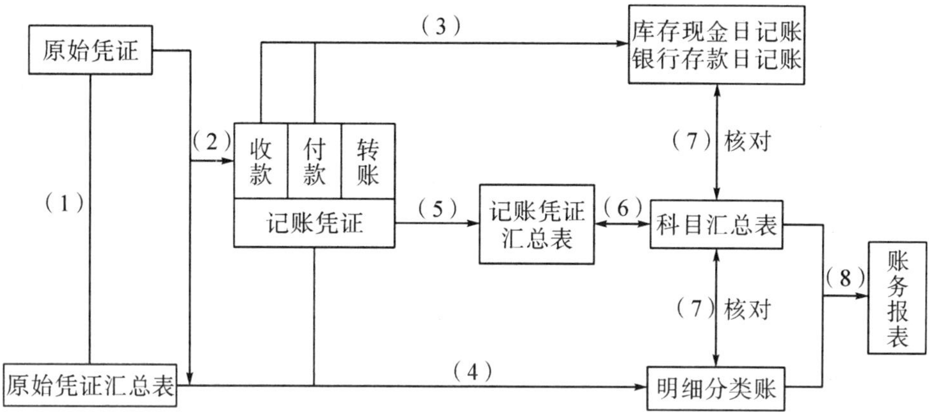

图 4-8 科目汇总表财务处理程序

4.3.2 制作科目汇总表

在“表 4-1 会计科目表”的同一个工作簿中新建一个工作表，命名为“科目汇总表”，参照表 4-7 制作科目汇总表，要求表格合理美观。

视频：科目汇总表

表 4-7 科目汇总表

年 月 日至 年 月 日　　本月编号： 号

金额单位：元　　记账凭证： 张

一、资产类		借方发生额	贷方发生额	二、负债类		借方发生额	贷方发生额
编号	会计科目名称			编号	会计科目名称		
1001	库存现金	—	—	2001	短期借款	—	—
1002	银行存款	—	—	2101	交易性金融负债	—	—
1015	其他货币基金	—	—	2201	应付票据	—	—
1101	交易性金融资产	—	—	2202	应付账款	—	—
1121	应收票据	—	—	2205	预收账款	—	—
1122	应收账款	—	—	2211	应付职工薪酬	—	—
1123	预付账款	—	—	2221	应交税费	—	—
1131	应收股利	—	—	2231	应付股利	—	—
1132	应收利息	—	—	2232	应付利息	—	—

表4-7（续）

一、资产类		借方发生额	贷方发生额	二、负债类		借方发生额	贷方发生额
1231	其他应收款	—	—	2241	其他应付款	—	—
1241	坏账准备	—	—	2401	预提费用	—	—
1401	材料采购	—	—	2601	长期借款	—	—
1402	在途物资	—	—	2602	长期债券	—	—
1403	原材料	—	—	2801	长期应付款	—	—
1404	材料成本差异	—	—	2802	未确认融资费用	—	—
1406	库存商品	—	—	2811	专项应付款	—	—
1407	发出商品	—	—	2901	递延所得税负债	—	—
1410	商品进销差价	—	—	三、所有者权益类			
1411	委托加工物资	—	—	4001	实收资本	—	—
1412	包装物及低值易耗品	—	—	4002	资本公积	—	—
1461	存货跌价准备	—	—	4101	盈余公积	—	—
1501	待摊费用	—	—	4103	本年利润	—	—
1523	可供出售金融资产	—	—	4104	利润分配	—	—
1524	长期股权投资	—	—	四、成本类			
1525	长期股权投资减值准备	—	—	5001	生产成本	—	—
1526	投资性房地产	—	—	5101	制造费用	—	—
1531	长期应收款	—	—	五、损益类			
1541	未实现融资收益	—	—	6001	主营业务收入	—	—
1601	固定资产	—	—	6051	其他业务收入	—	—
1602	累计折旧	—	—	6111	投资收益	—	—
1603	固定资产减值准备	—	—	6301	营业外收入	—	—
1604	在建工程	—	—	6401	主营业务成本	—	—
1605	工程物资	—	—	6402	其他业务支出	—	—
1606	固定资产清理	—	—	6403	税金及附加	—	—
1701	无形资产	—	—	6601	销售费用	—	—
1702	累计摊销	—	—	6602	管理费用	—	—

表4-7(续)

一、资产类		借方发生额	贷方发生额	二、负债类		借方发生额	贷方发生额
1703	无形资产减值准备	—	—	6603	财务费用	—	—
1711	商誉	—	—	6701	资产减值损失	—	—
1801	长期待摊费用	—	—	6711	营业外支出	—	—
1811	递延所得税资产	—	—	6801	所得税	—	—
1901	待处理财产损益	—	—	6901	以前年度损益调整	—	—
本期发生额合计		—	—	本期发生额合计		—	—
本期发生额净额			—	本期发生额净额			—

负责人：　　　　　　　　　　　　　　　　　　　　　　　　　　　制表：

能力拓展

【任务描述】

天龙公司是机械制造有限公司，公司编制记账凭证的会计人员必须仔细检查凭证的准确性，同时会计部门应建立相互复核或专人复核记账凭证的制度，对记账凭证进行审核。

【任务目标】

（1）了解记账凭证审核的主要内容。

（2）掌握凭证审核的操作步骤。

【任务分析】

手工条件下，记账凭证是登记账簿的依据，为保证账簿登记的正确性，记账凭证填制完毕后必须对其进行审核。审核时要关注凭证的内容是否真实、项目是否齐全、科目是否正确、金额是否正确、书写是否正确等几个方面。在计算机条件下，用户可以利用 Excel 提供的功能，自动实现对凭证“有借必有贷，借贷必相等”这一原则的审核。

【任务分解】

本任务可以分解为以下 2 个子任务：

子任务 1：记账凭证审核的主要内容。

子任务 2：凭证审核的操作步骤。

【任务实施】

记账凭证审核的主要内容

（1）审核是否按已审核无误的原始凭证填制记账凭证。记录的内容与所附原始凭证是否一致，金额是否相等；所附原始凭证的张数是否与记账凭证所列附件张数相符。

（2）审核记账凭证所列会计科目（一级科目、明细科目）、应借、应贷方向和金额是否正确；借贷双方的金额是否平衡；明细科目金额之和与相应的总账科目的金额是否相等。

（3）审核记账凭证摘要是否填写清楚，日期、凭证编号、附件张数以及有关人员签章等各个项目填写是否齐全。若发现记账凭证的填制有差错或者填列不完整、签章不齐全，应查明原因，责令更正、补充或重填。只有经济审核无误的记账凭证，才能据以登记账簿。

所有填制好的记账凭证，都必须经过其他会计人员认真审核。在审核记账凭证的过程中，如发现记账凭证填制有误，应当按照规定的方法及时加以更正。只有经过审核无误后的记账凭证，才能作为登记账簿的依据。记账凭证的审核主要包括以下内容：

①记账凭证是否附有原始凭证，记账凭证的经济内容是否与所附原始凭证的内容相同。

②应借应贷的会计科目（二级或明细科目）对应关系是否清晰、金额是否正确。

③记账凭证中的项目是否填制完整，摘要是否清楚，有关人员的签章是否齐全。

凭证审核的操作步骤

（1）在“表4-3 记账凭证”的同一个工作簿中新建一个工作表，命名为“记账凭证平衡检验表”。

（2）设置借方合计和贷方合计的公式。

（3）设置借贷差额的公式。

（4）设置显示是否平衡的公式。如果“借贷差额=0”，则显示“平衡”；反之则显示“不平衡”。记账凭证平衡检验者如表4-8所示。

视频：记账凭证平衡检验表

表4-8　记账凭证平衡检验表　　单位：元

记账凭证平衡检验表	
借方合计	贷方合计
借贷差额	
是否平衡	

5 Excel 在账簿管理中的应用

【知识目标】

（1）了解使用 Excel2016 实现账务处理的步骤和方法。

（2）掌握数据验证的操作方法。

（3）掌握 sumif 函数、sumifs 函数、if 函数、iferror 函数、vlookup 函数等格式。

【能力目标】

（1）学会使用 Excel2016 进行账务处理的操作。

（2）学会使用 Excel2016 生成科目余额表、试算平衡表等操作。

【思政目标】

（1）遵守会计职业道德和企业精神，秉持客观公正的做账原则，做到爱岗敬业，不做假账。

（2）保持严肃认真的工作态度，认真处理企业各项账务，规范编制企业各种账簿。

会计账簿是全面记录和反映一个单位经济业务，把大量分散的数据或资料进行归类整理，逐步加工成有用的会计信息的簿籍，会计账簿是编制会计报表的重要依据。会计账簿是由具有一定格式、相互连接的账页组成的，账页一旦标上会计科目，它就成为用来记录和反映该科目规定核算内容的账户。

通过设置和登记会计账簿，可以达到以下目的：

（1）能够把大量的、分散的会计核算资料系统化，为加强经济核算提供资料。

（2）可以为正确计算成本、核算经营成果和分配收益等提供必要的会计核算资料。

（3）利用会计账簿提供的核算资料，既可以为编制会计报表提供主要的依据，也可以为会计分析和会计检查提供必要的依据。

（4）既有利于会计核算资料的保存和利用，也有利于会计核算工作的分工。

5.1 制作日记账

日记账又称序时账，是按经济业务发生和完成的时间的先后顺序进行登记的账簿。它逐日按照记账凭证（或记账凭证所附的原始凭证）逐笔进行登记。日记账的主要作用是按照时间的先后顺序记录经济业务，以保持会计资料的完整性和连续性。日记账在不同的会计核算组织形式下，其具体用途是不同的。

进行日记账的设置工作，首先要确定其种类和数量。如果日记账用作过账媒介（如通用日记账、日记总账核算组织形式），则要求设置一个严密完整的序时账簿体系，包括单位的所有经济业务；如果日记账不用作过账媒介，则不必考虑其体系的完整性，只需设置某些特种日记账即可。通常设置的特种日记账主要包括现金日记账和银行存款日记账。

现金日记账是专门记录现金收付业务的特种日记账，一般由出纳人员负责填写。现金日记账既可用作明细账，也可用于过账媒介。在日记账用作过账媒介时，必须设置普通日记账，用以记录全部转账业务，逐日逐笔进行登记。普通日记账可以采用账户两栏式，也可采用金额双栏式。

银行存款日记账是用来记录银行存款收付业务的特种日记账。其设计方法与现金日记账基本相同，但须将账簿名称分别改为“银行存款收入日记账”“银行存款付出日记账”和“银行存款日记账”，并将前两种账页左上角的科目名称改为“银行存款”。而且一般应相应增加每笔存款收支业务所采用的结算方式一栏，以便分类提供数据和据以进行查对、汇总。一般单位也只设置三栏式的银行存款日记账。

企业必须设置“现金日记账”，按照现金业务发生的先后顺序逐笔序时登记。每日终了，应根据登记的“现金日记账”结余数与实际库存数进行核对，做到账实相符。月份终了，“现金日记账”的余额必须与“库存现金”总账科目的余额核对相符。有外币现金收支业务的企业，应当按照人民币现金、外币现金的币种设置现金账户进行明细核算。

企业应当设置“银行存款日记账”，按照银行存款收付业务发生的先后顺序逐笔序时登记，每日终了应结出余额。“银行存款日记账”应定期与“银行对账单”核对，至少每月核对一次。企业账面结余与银行对账单余额之间如有差额，必须逐笔查明原因，并按月编制“银行存款余额调节表”调节相符。月份终了，“银行存款日记账”的余额必须与“银行存款”总账科目的余额核对相符。

【任务描述】

天龙公司是机械制造有限公司，公司由出纳人员根据审核后的收、付款凭证逐日逐笔登记现金和银行存款的收入日记账和支出日记账，每日应将支出日记账中当日支出合计数，转记入收入日记账中支出合计栏中，以结算当日账面结余额。会计人员应对多栏式现金和银行存款日记账的记录加强检查监督，并根据月末多栏式现金和银行存款日记账各专栏的合计数，分别登记总账有关账户。

【任务目标】

（1）了解现金日记账的功能。

（2）掌握现金日记账的使用。

（3）了解银行存款日记账的登记方法。

（4）掌握银行存款日记账的使用。

【任务分析】

针对上述任务，公司的会计人员依据会计凭证登记“现金日记账”和“银行存款日记账”，凡是与现金和银行存款相关的收入或支出记账，其他的不记账。经济业务发生时，应按先后顺序逐日记入普通日记账，再根据日记账过入分类账，然后在“过账”栏内注明“√”符号，表示已经过账。这样就可使记账的错误和遗漏减到最少限度，并便于事后根据业务发生的时间次序进行查账。

【任务分解】

本任务可以分解为以下 4 个子任务：

子任务 1：现金日记账功能。

子任务 2：制作现金日记账。

子任务 3：银行存款日记账登记方法。

子任务 4：制作银行存款日记账。

【任务实施】

5.1.1 现金日记账功能

对账，就是对账簿记录的内容进行核对，使账证、账账和账实相符的过程。现金日记账的账证核对，主要是指现金日记账的记录与有关的收、付款凭证进行核对；账账核对，则是指将现金日记账与现金总分类账的期末余额进行核对；账实核对，则是指将现金日记账的余额与实际库存数额的核对。

（1）收付款核对。

收付款凭证是登记现金日记账的依据，账目和凭证应该是完全一致的。但是，在记账过程中，由于工作粗心等原因，往往会发生重记、漏记、记错方向或记错数字等情况。账证核对要按照业务发生的先后顺序一笔一笔地进行。检查的项目主要有：核对凭证编号；复查记账凭证与原始凭证，看两者是否完全相符；查对账证金额与方向的一致性。如发现差错，要立即按规定方法更正，确保账证完全一致。

（2）总分类核对。

现金日记账是根据收付款凭证逐笔登记的，现金总分类账是根据收、付款凭证汇总登记的，记账的依据是相同的，记录的结果应该完全一致。但是，由于两种账簿是由不同人员分别记账，而且总账一般是汇总登记，因此在汇总和登记过程中，都有可能发生差错；日记账是一笔一笔地记的，记录的次数很多，也难免会发生差错。因此，出纳应定期出具“出纳报告单”，与总账会计进行核对。平时要经常核对两账的余额，每月终了结账后，总分类账各个科目的借方发生额、贷方发生额和余额都已试算平衡。会计人员一定要将总分类账中现金当月借方发生额、贷方发生额以及月末余额分别同现金日记账的当月收入（借方）合计数、当月支出（贷方）合计数和余额相互核对，查看账账之间是否完全相符。如果不符，先应查出差错出在哪一方，如果借方发生额出现差错，应查找现金收款凭证、银行存款付款凭证（提取现金业务）和现金收入一方的账目；反之则应查找现金付款凭证和现金付出一方的账目。找出错误后应立即按规定的方法加以更正，做到账账相符。

（3）库存现金核对。

出纳人员在每日业务终了以后，应自行清查账款是否相符。首先结出当天现金日记账的账面余额，再盘点库存现金的实有数，看两者是否完全相符。在实际工作中，凡是有当天来不及登记的现金收付款凭证的，均应按“库存现金实有数+未记账的收款凭证金额-未记账的付款凭证金额=现金日记账账存余额”的公式进行核对。反复核对仍不相符的，即说明当日记账或实际现金收、付有误。在这种情况下，出纳人员一方面应向会计负责人报告，另一方面应对当天办理的收、付款业务逐笔回忆，争取尽快找出差错的原因。

5.1.2　制作现金日记账

新建一个工作表，命名为“现金日记账”，参照表5-1制作现金日记账，要求工作表合理美观。

视频：现金日记账

表5-1　现金日记账

现金日记账

		凭证		对方科目	摘要	收入												√	支出												√	余额												√
月	日	字	号			十	亿	千	百	十	万	千	百	十	元	角	分		十	亿	千	百	十	万	千	百	十	元	角	分		十	亿	千	百	十	万	千	百	十	元	角	分	

5.1.3 银行存款日记账登记方法

银行存款日记账是专门用来记录银行存款收支业务的一种特种日记账。财务人员在每日业务终了时，应计算、登记当日的银行存款收入合计数、银行存款支出合计数以及账面结余额，以便检查监督各项收入和支出款项，避免坐支现金现象的出现，并便于定期同银行送来的对账单核对。

银行存款日记账也是各单位重要的经济档案之一，在启用账簿时，也应按相关规定和要求填写“账簿启用表”，具体内容和要求可参照现金日记账的启用。银行存款日记账通常也是由出纳员根据审核后的有关银行存款收付款凭证，逐日逐笔顺序登记的。登记银行存款日记账的总要求是：银行存款日记账由出纳人员专门负责登记，登记时必须做到反映经济业务的内容完整，登记账目及时，凭证齐全，账证相符，数字真实、准确，书写工整，摘要清楚明了，便于查阅，不重记，不漏记，不错记，按期结算，不拖延积压，按规定方法更正错账，从而使账目既能明确经济责任，又清晰美观。具体要求有以下几点：

（1）根据复核无误的银行存款收付款记账凭证登记账簿。

（2）所记载的经济业务内容必须同记账凭证相一致，不得随便增减。

（3）要按经济业务发生的顺序逐笔登记账簿。

（4）必须连续登记，不得跳行、隔页，不得随便更换账页。

（5）文字和数字必须准确无误。

（6）每一账页记完后，必须按规定转页，操作方法与现金日记账转页方式相同。

（7）每月月末必须按规定结账。

5.1.4 制作银行存款日记账

新建一个工作表，命名为“银行存款日记账”，参照表 5-2 制作银行存款日记账，要求工作表合理美观。

视频：银行存款日记账

表 5-2 银行存款日记账

银行存款日记账

账号：
户名：

年		凭证		摘要	对方科目	现金支票号码	转账支票号码	借方											核对	贷方											核对	借或贷	余额											核对
月	日	种类	号数					亿	千	百	十	万	千	百	十	元	角	分		亿	千	百	十	万	千	百	十	元	角	分			亿	千	百	十	万	千	百	十	元	角	分	
				过次页																																							

5.2 制作总分类账试算平衡表

试算平衡原理是指在借贷记账法中，根据“有借必有贷，借贷必相等”的记账规律，每笔交易或者事项的借方必然等于贷方，所以本期所有交易或者事项的借方合计与贷方合计也必然相等。同时，由于每个账户的余额都是根据一定期间该账户累计的发生额计算求得，因此，所有账户的借方期末余额合计数与所有账户的贷方期末余额合计数必然相等。

总分类账试算平衡表是指某一时点上的各种账户及其余额的列表。各个账户的余额都会反映在试算平衡表相应的借方或贷方栏中。试算平衡表是定期地加计分类账各账户的借贷方发生及余额的合计数，用以检查借贷方是否平衡（账户记录有无错误）的一种表达式。

在借贷记账法下，其内容包括以下几点：

(1) 检查每次会计分录的借贷金额是否平衡。

(2) 检查总分类账户的借贷发生额是否平衡。

(3) 检查总分类账户的借贷余额是否平衡。

涉及的基本公式包括：

(1) 全部账户的借方期初余额合计数等于全部账户的贷方期初余额合计数。

(2) 全部账户的借方发生额合计等于全部账户的贷方发生额合计数。

（3）全部账户的借方期末余额合计数等于全部账户的贷方期末余额合计数。

【任务描述】

天龙公司是机械制造有限公司，企业会计人员需要定期地加计总分类账各账户的借贷方发生及余额的合计数，从而检查借贷方是否平衡和账户记录有无错误。此类检查一般都是发生在试算平衡表期末，在已经结出各个总分类账户的本期发生额和期末余额后。试算平衡一般是通过编制试算平衡表的方式来进行，将总账的相关金额记入该表中。

【任务目标】

（1）掌握总分类账试算平衡表的使用。

（2）掌握总分类账试算平衡表的找平方法。

（3）了解总分类账试算平衡表和科目汇总表的区别。

【任务分析】

针对上述任务，为了保证当期会计处理的正确性，依据会计等式或复式记账原理，对当期账户的全部记录进行汇总、测算，以检验其正确性。如果检测结果显示总分类账试算平衡表试算结构不平，则要根据相应的方法去找平。

【任务分解】

本任务可以分解为以下 3 个子任务：

子任务 1：制作总分类账试算平衡表。

子任务 2：总分类账试算平衡表找平方法。

子任务 3：总分类账试算平衡表和科目汇总表的区别。

【任务实施】

5.2.1 新建“总分类账试算平衡表”

新建一个工作表，命名为“总分类账试算平衡表”，参照表 5-3 制作总分类账试算平衡表制作工作表，要求表格合理美观。

视频：总分类账试算平衡表

表 5-3 总分类账试算平衡表

年 月 日　　　　单位：元

会计科目	期初余额		本期发生额		期末余额	
	借方	贷方	借方	贷方	借方	贷方
库存现金						
银行存款						

表5-3(续)

会计科目	期初余额		本期发生额		期末余额	
	借方	贷方	借方	贷方	借方	贷方
应收票据						
应收账款						
原材料						
库存商品						
生产成本						
长期股权投资						
固定资产						
累计折旧						
无形资产						
短期借款						
应付票据						
应付账款						
预收账款						
应付职工薪酬						
应交税费						
长期借款						
实收资本						
资本公积						
盈余公积						
利润分配						
本年利润						
销售费用						
合计						

财务主管：　　　　　　　　　　　　　　　　　　　　　　　　制表：

5.2.2 总分类账试算平衡表找平方法

一般来说，总分类账试算平衡表上发生不平衡的原因可能有以下几点：

（1）所编试算平衡表中各金额栏加总的错误。这要求财会人员在加总时认真细心，在确定无误的前提下再查找其他原因。

（2）编制试算平衡表过程中的错误。例如，编表写错数字，错记金额的借、贷方向，或漏记某一账户的发生额或余额。

（3）各分类账户的余额计算错误。

（4）过账时的错误。如在根据分录簿过入分类账时，将借、贷方向或金额记错了，或者漏掉某一账项或重复过账。

检查以上错误大致可以按照下列步骤进行：

（1）重新加总试算平衡表中借、贷栏或余额栏的金额，并复核合计数，检查本表的加总工作是否有错误。

（2）按照试算平衡表中所列账户的名称和金额，逐一与分类账户所记的本期发生额或余额核对。须重点注意的是是否有抄错的数字或漏列的金额，是否有将借贷方向填错的科目。如资产账户的余额是否填入表中的贷方，负债和所有者权益账户余额是否填入表中的借方。

（3）将分类账户所列的期初余额和上期资产负债表相核对。须重点注意的是是否有抄错的数字或漏掉的账户余额，并检查各账户借、贷方本期发生额的汇总及其余额是否有错误。

（4）按分类账户的记录，逐笔与分录簿相核对。须重点注意各账项或借、贷方向是否有过账错误，是否有遗漏或重复过账的账项。

5.2.3 总分类账试算平衡表和科目汇总表的区别

试算平衡表是定期地加计分类账各账户的借贷方发生及余额的合计数，用以检查借贷方是否平衡（账户记录有无错误）的一种表达式。

科目汇总表（记账凭证汇总表、账户汇总表）是根据一定时期内所有的记账凭证定期加以汇总而重新编制的记账凭证，其目的是简化总分类账的登记手续。

科目汇总表与试算平衡表的区别有以下几点：

（1）试算平衡表是定期地加计分类账各账户的借贷方发生及余额的合计数，用以检查借贷方是否平衡（账户记录有无错误）的一种表式。

（2）科目汇总表（记账凭证汇总表、账户汇总表）是根据一定时期内所有的记账凭证定期加以汇总而重新编制的记账凭证，其目的是简化总分类账的登记手续。

（3）科目汇总表是就是科目余额汇总表，科目余额汇总表和试算平衡表类似。

（4）科目余额汇总表的作用是汇总每个会计科目的账目金额。

（5）试算平衡表的作用是：检查数据是否满足资产=负债+所有者权益+收入-费用，格式与科目余额汇总表类似，期初余额，本期发生额借方、贷方，本年累计借方、贷方。

（6）试算平衡表最有利于登记资产负债表。试算表平衡了，资产负债表自然不会出现不平的现象了。

5.3 制作明细分类账

明细分类账也称明细账，是指按照明细分类账户进行分类登记的账簿，是根据单位开展经济管理的需要，对经济业务的详细内容进行的核算，是对总分类账进行的补充反映。明细分类账能详细地反映和记录资产、负债、所有者权益、费用、成本、收入、利润，也能为编制会计报表提供一定的资料。明细分类账的应用对于加强监督财产的收发和保管、资金的使用和管理、往来款项的结算、收入的取得以及费用的开支等，起着重要的作用。

视频：明细分类账

明细分类账的登记通常有三种方法：

（1）根据原始凭证直接登记明分类细账。

（2）根据汇总原始凭证登记明细分类账。

（3）根据记账凭证登记明细分类账。

登记明细账意义重大，企业所有发生的业务均通过登记明细账详尽地反映出来。具体表现在以下几个方面：

（1）总分类账户期初余额等于所属明细分类账户的期初余额之和。

（2）总分类账户本期借方发生额等于所属明细分类账户的借方发生额之和。

（3）总分类账户本期贷方发生额等于所属明细分类账户的贷方发生额之和。

（4）总分类账户的期末余额等于所属明细分类账户的期末余额之和。

明细分类账户的特点为：一是账户名称的灵活性，即企业可以根据自身的情况设立；二是提供指标的双重性，它既可提供货币形式的指标，也可以提供实物度量的指标，还可提供分项核算的指标；三是具体格式多样性，有三栏式、多栏式和数量金额式。

【任务描述】

天龙公司是机械制造有限公司，公司应用明细分类账来加强监督财产的收发和保管，资金的使用和管理，往来款项的结算，收入的取得以及费用的开支等。因此，在按照一级科目设置总分类账的基础上，天龙公司必须按照明细科目设置固定资产、材料、商品、债权债务、业务收入、费用开支以及其他各种必要的明细分类账。

【任务目标】

掌握明细分类账的使用。

【任务分析】

针对上述任务，公司会计人员在编制不同类型经济业务的明细分类账时，可根据管理需要，依据记账凭证、原始凭证或汇总原始凭证逐日逐笔或定期汇总登记。固定资产、债权、债务等明细账应逐日逐笔登记；库存商品、原材料、产成品收发明细账以及收入、费用明细账可以逐笔登记，也可定期汇总登记。

【任务分解】

本任务可以分解为以下 1 个子任务：

制作明细分类账。

【任务实施】

新建一个工作表，命名为“明细分类账”，参照表 5-4 明细分类账制作工作表，要求工作表合理美观。

表 5-4 明细分类账

明细分类账

本账页数：
本户页数：

二级明细科目： 三级明细科目

户名

<table>
<tr><td colspan="2">年</td><td rowspan="2">凭证编号</td><td rowspan="2">摘要</td><td rowspan="2">对应科目</td><td colspan="11">借方</td><td rowspan="2">√</td><td colspan="11">贷方</td><td rowspan="2">√</td><td rowspan="2">借或贷</td><td colspan="11">余额</td><td rowspan="2"></td></tr>
<tr><td>月</td><td>日</td><td>亿</td><td>千</td><td>百</td><td>十</td><td>万</td><td>千</td><td>百</td><td>十</td><td>元</td><td>角</td><td>分</td><td>亿</td><td>千</td><td>百</td><td>十</td><td>万</td><td>千</td><td>百</td><td>十</td><td>元</td><td>角</td><td>分</td><td>亿</td><td>千</td><td>百</td><td>十</td><td>万</td><td>千</td><td>百</td><td>十</td><td>元</td><td>角</td><td>分</td></tr>
</table>

5.4 制作总分类账

总分类账简称总账，是根据总分类科目开设账户，用来登记全部经济业务，进行总分类核算，提供总括核算资料的分类账簿。总分类账所提供的核算资料，是编制会计报表的主要依据，任何单位都必须设置总分类账。

总分类账的登记依据和方法，主要取决于所采用的会计核算形式。它可以直接根据各种记账凭证逐笔登记，也可以先把记账凭证按照一定方式进行汇总，编制成科目汇总表或汇总记账凭证等，然后据以登记。

总账有以下三种登记方法：

（1）根据记账凭证直接登记，适合经济业务小的企业。

（2）根据汇总记账凭证登记，不适合转账凭证比较多的企业。

（3）根据科目汇总表登记（适合经济业务多，量大的企业）。如果公司的记账凭证比较多，可根据记账凭证做出科目汇总表，再根据科目汇总表登记总账。

【任务描述】

天龙公司是机械制造有限公司，公司的总账要根据记账凭证汇总表，每月登记1~3次，要根据公司的业务量大小自己确定。总账用订本账，根据记账凭证汇总表登记发生额，根据记账凭证汇总表登记发生额，摘要，本期发生额，结出当月发生额和余额，总账账户的余额与各明细账要进行核对一致。在摘要栏用“本月合计”表示，金额栏填写本月合计数，在下一行用“累计”表示自年初到结算期累计发生额，并在该栏的上下画红线。

【任务目标】

1. 掌握总分类账的使用。

2. 掌握总分类账与明细分类账的关系。

【任务分析】

针对上述任务，公司会计人员根据各种记账凭证逐笔登记，也可以先把记账凭证按照一定方式进行汇总，编制成科目汇总表或汇总记账凭证等，然后据以登记。按每一个总分类科目开设账页，进行分类登记的账簿，它能总括地反映各会计要素具体内容的增减变动和变动结果，编制会计报表就是以这些分类账所提供的资料为依据的。

【任务分解】

本任务可以分解为以下2个子任务：

子任务1：制作总分类账。

子任务2：明确总分类账与明细分类账的关系。

【任务实施】

5.4.1 新建“总分类账”

新建一个工作表，命名为“总分类账”，参照表5-5制作总分类账，要求表格合理美观。

视频：总分类账

表 5-5 总分类账

总 分 类 账

总第________页
分第________页
编号________页

年		凭证		摘要	借方金额										贷方金额										借或贷	余额									
年	月	字	号		千	百	十	万	千	百	十	元	角	分	千	百	十	万	千	百	十	元	角	分		千	百	十	万	千	百	十	元	角	分

5.4.2 总分类账与明细分类账的关系

为满足经济管理对会计资料的不同要求，会计上同时设置总分类账户和明细分类账户。总分类账户简称总账，是按照总账科目开设，提供资产、权益、收入和费用的总括资料。明细分类账户简称明细账，是按照明细科目开设，提供资产、权益、收入和费用的详细资料。

总分类账户与明细分类账户之间的关系是：总分类账户对其所属的明细分类账户起着控制、统驭的作用；明细分类账户对其归属的总分类账户则起着补充、具体说明的作用。二者相辅相成，只是反映经济业务的详细程度不同，但是二者登记的原始依据是相同的，核算的内容也是相同的。总分类账和明细分类账的关系如图 5-1 所示。

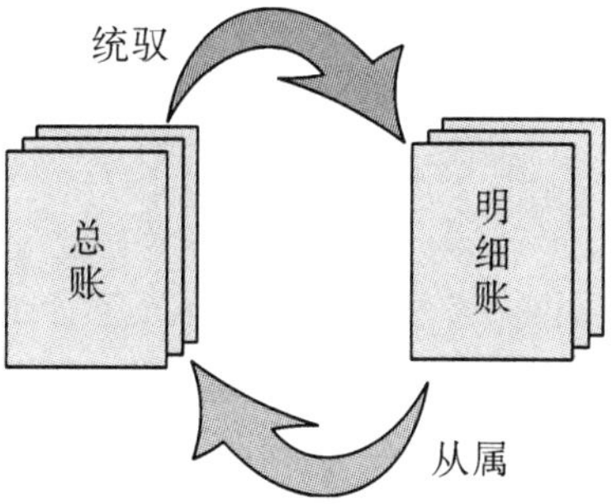

图 5-1 总分类账和明细分类账的关系

总分类账与明细分类账的平行登记要点包括以下几点：

（1）依据相同：对于需要提供其详细指标的每一项经济业务，应根据审核无误后的记账凭证，记入总分类账户的同时，记入同期总分类账户所属的有关各明细分类账户。

（2）方向一致：登记总分类账及其所属明细分类账的方向应该相同。

（3）金额相等：记入总分类账户的金额与记入其所属的各明细分类账户的金额相等。

6 Excel 在财务报表中的应用

【知识目标】

（1）掌握会计报表的概念、内容和格式。

（2）掌握编制会计报表的方法。

【能力目标】

（1）学会使用 Excel2016 编制资产负债表的操作。

（2）学会使用 Excel2016 编制利润表的操作。

【思政目标】

（1）编制会计报表时要做到数字真实、内容完整、计算准确和报送及时。

（2）每个会计期间的会计报表项目列报保持一致，不得随意变更。

公司的财务报表多种多样，可分为基本财务报表和附表两大部分。基本财务报表包括资产负债表、利润表和现金流量表三大报表，它们从不同角度反映公司的财务会计信息。这三张报表之间存在着一定的钩稽关系。“资产=负债+股东权益”这一等式是编制资产负债表的主要依据。“利润=收入-成本费用”这一等式是编制利润表的基本原理。“资产=负债+股东权益+（收入-成本费用）”这一等式揭示了资产负债表与利润表之间的关系。

资产负债表与利润表的钩稽关系在于本年利润，利润分配表中的“未分配利润”项所列数字，等于资产负债表中“未分配利润”项数字。除了这一简单的对等外，还有什么其他联系呢？由上述的第三个会计等式可以看出，收入与成本费用之差——利润并不是一个虚无的数字，最终要表现为资产的增加或负债的减少，这也就是两个表之间深层次的联系。公司很多的经济业务不仅会影响到公司的资产负债表，也会影响到公司的利润表。比如公司将销售业务收入不记“主营业务收入”而记入公司的往来账项，如“应收账款”贷方，这样在资产负债表上反映出应收账款有贷方金额，同时隐瞒收入，使利润表净利润减少，未分配利润减少，且反过来又影响资产负债表的“未分配利润”项目。对投资者而言，在了解了简单的对应关系之后，通晓这一深层次的联系是很有必要的。

现金流量表与资产负债表、利润表的关系主要表现在现金流量的编制方法之中。现金流量表的一种编制方法是工作底稿法，即以工作底稿为手段，以利润表和资产负债表数据为基础，对每一项目进行分析并编制调整分录，从而编制出现金流量表。现金流量表与其他两个报表之间的钩稽关系也较为复杂而隐蔽，投资者要在深入了解三个报表的基础上才能理解其中的关系。

在实际分析中，光凭三个报表之间的关系就对公司的生产经营下结论，未免会有些武断。在分析过程中，我们还必须有效地利用其他分析工具，才能形成正确的结论。会计报表的使用者可以通过分析会计报表之间的钩稽关系，对公司的生产经营有一个总体了解。三个财务报表的具体表现和三个财务报表之间的关系如图 6-1 和图 6-2 所示。

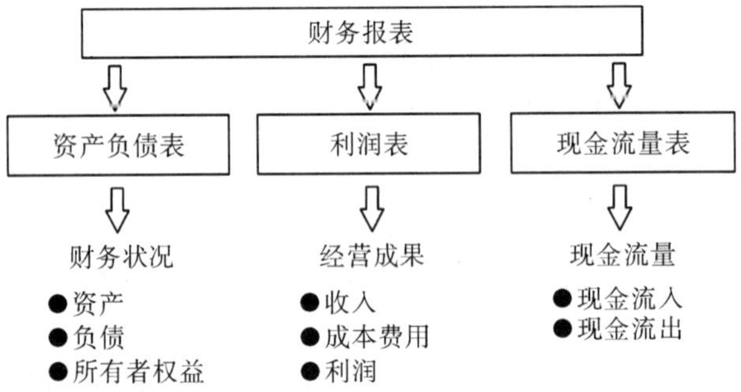

图 6-1　三个财务报表的具体表现

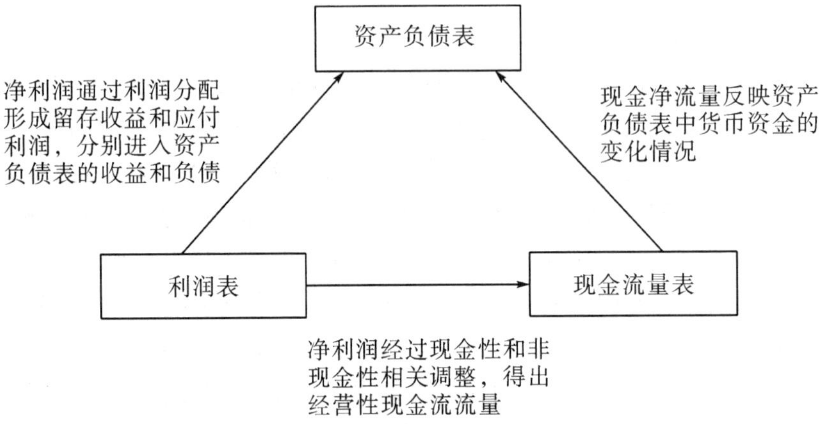

图 6-2　三个财务报表之间的关系

6.1　资产负债表的应用

资产负债表亦称财务状况表，表示企业在一定日期（通常为各会计期末）的财务状况（资产、负债和业主权益的状况）的主要会计报表。资产负债表利用会计平衡原则，将合乎会计原则的资产、负债、股东权益交易科目分为“资产”和“负债及股东权益”两大类，在经过分录、转账、分类账、试算、调整等会计程序后，以特定日期的静态企业情况为基准，浓缩成一张报表。资产负债表的具体意义在于：

（1）反映企业资产的构成及其状况，分析企业在某一日期所拥有的经济资源及其分布情况。资产代表企业的经济资源，是企业经营的基础，资产总量的高低在一定程度上可以说明企业的经营规模和盈利基础大小，企业的结构即资产的分布。企业的资产结构反映其生产经营过程的特点，有利于财务报表使用者进一步分析企业生产经营的稳定性。

（2）可以反映企业某一日期的负债总额及其结构，分析企业目前与未来需要支付的债务数额。负债总额表示企业承担的债务数额，负债和所有者权益的比率反映了企业的财务结构。负债结构反映了企业偿还负债的紧迫性，财务报表使用者通过资产负债表可以了解企业负债的基本信息。

（3）可以反映企业所有者权益的情况，了解企业现有投资者在企业投资总额中所占的份额。实收资本和留存收益是所有者权益的重要内容，反映了企业投资者对企业的初始投入和资本累计的多少，也反映了企业的资本结构和财务实力，有助于财务报表使用者分析、预测企业生产经营安全程度和抗风险的能力。

【任务描述】

天龙公司是机械制造有限公司，公司的会计人员必须定期对外公布财务报表并报送与企业有经济利害关系的各相关方（包括股票持有者，长、短期债权人，政府相关机构），除了方便企业内部除错、认清经营方向、防止弊端外，也可让所有阅读者在最短时间内了解企业的经营状况。

【任务目标】

（1）掌握资产负债表的填制内容。

（2）了解资产负债表的编制方法。

（3）掌握资产负债表的编制。

（4）掌握资产负债表中所有项目的计算公式。

【任务分析】

针对上述任务，资产负债表是总括反映报告期末的资产、负债和所有者权益的构成的，因此表内“期末数”栏是根据总分类科目和明细分类科目余额直接填列，或经过分析、计算后填列的；表内“期初数”栏内各项数字，应根据上年末“资产负债表”的“期末数”栏内所列数字填列。如果本年度“资产负债表”规定的各个项目的名称和内容同上年度不一致，应对上年年末“资产负债表”各项目的名称和数字按照本年度的规定调整，填入本表的“期初数”栏内。

【任务分解】

本任务可以分解为以下 4 个子任务：

子任务 1：资产负债表的填制内容。

子任务 2：资产负债表的编制方法。

子任务 3：资产负债表的编制。

子任务 4：资产负债表中所有项目的计算公式。

【任务实施】

6.1.1 资产负债表的填制内容

资产负债表根据资产、负债、所有者权益（或股东权益，下同）之间的钩稽关系，按照一定的分类标准和顺序，把企业一定日期的资产、负债和所有者权益各项目予以适当排列。它反映的是企业资产、负债、所有者权益的总体规模和结构。

在资产负债表中，企业通常按资产、负债、所有者权益分类分项反映。也就是说，资产按流动性大小进行列示，具体分为流动资产、长期投资、固定资产、无形资产及其他资产；负债也按流动性大小进行列示，具体分为流动负债、长期负债等；所有者权益则按实收资本、资本公积、盈余公积、未分配利润等项目分项列示。

银行、保险公司和非银行金融机构由于在经营内容上不同于一般的工商企业，因此其资产、负债、所有者权益的构成项目也不同于一般的工商企业，具有特殊性。但是，在资产负债表上列示时，对于资产，通常也按流动性大小进行列示，具体分为流动资产、长期投资、固定资产、无形资产及其他资产；对于负债，也按流动性大小列示，具体分为流动负债、长期负债等；对于所有者权益，也是按实收资本、资本公积、盈余公积、未分配利润等项目分项列示。

（1）资产。

资产负债表中的资产反映由过去的交易、事项形成并由企业在某一特定日期所拥有或控制的、预期会给企业带来经济利益的资源。资产应当按照流动资产和非流动资产两大类别在资产负债表中列示，在流动资产和非流动资产类别下进一步按性质分项列示。

流动资产是预计在一个正常营业周期中变现、出售或耗用，或者主要为交易目的而持有，或者预计在资产负债表日起一年内（含一年）变现的资产，或者自资产负债表日起一年内交换其他资产或清偿负债的能力不受限制的现金或现金等价物。

资产负债表中列示的流动资产项目通常包括：货币资金、交易性金融资产、应收票据、应收账款、预付款项、应收利息、应收股利、其他应收款、存货和一年内到期的非流动资产等。

非流动资产是流动资产以外的资产。资产负债表中列示的非流动资产项目通常包括：长期股权投资、固定资产、在建工程、工程物资、固定资产清理、无形资产、开发支出、长期待摊费用以及其他非流动资产等。

（2）负债。

资产负债表中的负债反映在某一特定日期企业所承担的、预期会导致经济利益流出企业的现时义务。负债应当按照流动负债和非流动负债在资产负债表中进行列示，在流动负债和非流动负债类别下再进一步按性质分项列示。

流动负债是预计在一个正常营业周期中清偿，或者主要为交易目的而持有，或者自资产负债表日起一年内（含一年）到期应予以清偿，或者企业无权自主地将清偿推迟至资产负债表日后一年以上的负债。

资产负债表中列示的流动负债项目通常包括短期借款、应付票据、应付账款、预收款项、应付职工薪酬、应交税费、应付利息、应付股利、其他应付款、一年内到期的非流动负债等。

非流动负债是流动负债以外的负债。非流动负债项目通常包括长期借款、应付债券和其他非流动负债等。

（3）所有者权益。

资产负债表中的所有者权益是企业资产扣除负债后的剩余权益，反映企业在某一特定日期股东（投资者）拥有的净资产的总额，它一般按照实收资本、资本公积、盈余公积和未分配利润分项列示。

6.1.2 资产负债表的编制方法

（1）在日常的会计工作中，为正确编制资产负债表，人们通常采用工作底稿法。其填列方式如下：

①根据各账户的期末余额编制总分类账户余额试算平衡表。

②按照资产负债项目分类整理试算平衡表，形成工作底稿。

③根据工作底稿填写试算平衡表的相关项目的金额。

资产负债表中各项目的金额分为年初余额和期末余额两列，“年初余额”各项目金额，根据上年末资产负债表的“期末余额”直接转录填列。

（2）“期末余额”项目的填列方法

①根据总账余额直接填列。

资产负债表中多数项目可以根据有关账户的期末余额直接填列，可以直接填制的项目有“短期借款”“应收票据”“长期借款”“实收资本”“资本公积”“盈余公积”等科目。

②根据总账科目余额计算填列。

资产负债表中某些项目可以根据若干个总账账户的期末余额计算填列，如“货币资金”项目，应根据“库存现金”“银行存款”“其他货币资金”三个总账科目的期末余额的合计数填列；“存货”项目，根据“原材料”“库存商品”“生产成本”“周转材料”等账户的期末余额计算填列。

③根据有关科目余额减去其备抵科目余额后的净额填列。

如“可供出售金融资产”“持有至到期投资”“长期股权投资”“在建工程”“商誉”项目，应根据相关科目的期末余额填列，已计提减值准备的，应扣减相应的减值准备。

其中“固定资产”“无形资产”“投资性房地产”“生产性生物资产”“油气资产”项目，应根据相关科目的期末余额扣减相关的累计折旧（或摊销、折耗）填列，已计提减值准备的，还应扣减相应的减值准备，采用公允价值计量的上述资产，根据相关科目的期末余额填列。

④综合运用上述填列方法分析填列。

如“应收票据”“应收利息”“应收股利”“其他应收款”项目，应根据相关科目的期末余额，减去“坏账准备”科目中有关坏账准备期末余额后的金额填列。

“应收账款”=“应收账款”明细账借方余额之和+“预收账款”明细账借方余额之和

“预收账款”=“应收账款”明细账贷方余额之和+“预收账款”明细账贷方余额之和

“应付账款”=“应付账款”明细账贷方余额之和+“预付账款”明细账贷方余额之和

“预付账款”=“应付账款”明细账借方余额之和+“预付账款”明细账借方余额之和

6.1.3 资产负债表的编制

新建一个工作表，命名为“资产负债表”，参照表6-1制作资产负债表，要求表格合理美观。

视频：资产负债表

表6-1 资产负债表

编制单位： 年 月 日 单位：元

资产	行次	年初数	期末数	负债和所有者权益（或股东权益）	行次	年初数	期末数
流动资产：				流动负债：			
货币资金	1			短期借款	68		
短期投资	2			应付票据	69		
应收票据	3			应付账款	70		
应收股利	4			预收账款	71		
应收利息	5			应付工资	72		
应收账款	6			应付福利费	73		
其他应收款	7			应付股利	74		
预付账款	8			应交税金	75		
应收补贴款	9			其他应交款	80		
存货	10			其他应付款	81		
待摊费用	11			预提费用	82		
一年内到期的长期债权投资	21			预计负债	83		

表6-1(续)

资产	行次	年初数	期末数	负债和所有者权益（或股东权益）	行次	年初数	期末数
其他流动资产	24			一年内到期的长期负债	86		
流动资产合计	31			其他流动负债	90		
长期投资：							
长期股权投资	32			流动负债合计	100		
长期债权投资	34			长期负债：			
长期投资合计	38			长期借款	101		
固定资产：				应付债券	102		
固定资产原价	39			长期应付款	103		
减：累计折旧	40			专项应付款	106		
固定资产净值	41			其他长期负债	108		
减：固定资产减值准备	42			长期负债合计	110		
固定资产净额	43			递延税项：			
工程物资	44			递延税款贷项	111		
在建工程	45			负债合计	114		
固定资产清理	46						
固定资产合计	50			所有者权益（或股东权益）：			
无形资产及其他资产：				实收资本（或股本）	115		
无形资产	51			减：已归还投资	116		
长期待摊费用	52			实收资本（或股本）净额	117		
其他长期资产	53			资本公积	118		
无形资产及其他资产合计	60			盈余公积	119		
				其中：法定公益金	120		
递延税项：				未分配利润	121		
递延税款借项	61			所有者权益（或股东权益）合计	122		
资产合计	67			负债和所有者权益总计	135		

6.1.4 资产负债表中所有项目的计算公式

资产负债表中资产、负债和所有者权益各自的项目对应不同的计算公式，参照

表 6-2，在 Excel 中填入所列项目的公式。

表 6-2　资产负债表的基本计算公式

	序号	报表项目	总账科目及明细账科目期末余额
资产	1	货币资金	银行存款总账期末余额+库存现金总账期末余额+其他货币资金总账期末余额
	2	短期投资	短期投资-短期投资跌价准备（旧会计准则的会计科目）
	2	交易性金融资产	交易性金融资产总账期末余额
	3	应收票据	应收票据总账期末余额
	4	应收账款	应收账款明细账借方余额+预收账款明细账借方余额-对应坏账准备总账期末余额
	5	预付账款	预付账款明细账借方余额+应付账款明细账借方余额
	6	应收利息	应收利息总账期末余额
	7	应收股利	应收股息总账期末余额
	8	其他应收款	其他应收款总账期末余额
	9	存货	材料采购/在途物资+原材料+低值易耗品+包装物+库存商品+周转材料+委托加工物资+委托代销产品+生产成本-存货跌价准备+材料成本差异的借方（ - 材料成本差异贷方）
	10	一年内到期的非流动资产	自该资产负债表表首所列日期算起，一年内到期（含一年）非流动资产（持有至到期投资、长期应收款、长期待摊费用）
	11	长期股权投资	长期股权投资总账期末余额-长期股权投资减值准备总账期末余额
	12	持有至到期投资	“持有至到期投资”总账余额 - 一年内到期的持有至到期投资金额 - “持有至到期投资减值准备”金额
	13	长期应收款	“长期应收款”总账余额 - 一年内到期的长期应收款
	14	固定资产	固定资产总账期末余额-“累计折旧”总账期末余额-“固定资产减值准备”总账期末余额
	15	在建工程	在建工程-在建工程减值准备
	16	工程物资	工程物资
	17	固定资产清理	固定资产清理借方余额（如是贷方余额以“-”号填列）
	18	无形资产	无形资产-累计摊销-无形资产减值准备
	19	开发支出	研发支出科目中所属的资本化支出
	20	长期待摊费用	长期待摊费用总账余额- 将于一年内（含一年）摊销的数额
	21	其他非流动资产	有关科目的期末余额

表6-2(续)

	序号	报表项目	总账科目及明细账科目期末余额
负债	22	短期借款	短期借款总账期末余额
	23	交易性金融负债	交易性金融负债总账期末余额
	24	应付票据	应付票据总账期末余额
	25	应付账款	应付账款明细账贷方余额+预付账款明细账贷方余额
	26	预收账款	预收账款明细账贷方余额+应收账款明细账贷方余额
	27	应付职工薪酬	应付职工薪酬（如是借方余额以“-”号填列）
	28	应交税费	应交税费账期末余额（如是借方余额以“-”号填列）
	29	应付利息	应付利息账期末余额
	30	应付股利	应付股利账期末余额
	31	其他应付款	其他应付款账期末余额
	32	一年内到期的非流动负债	自该资产负债表表首所列日期算起，一年内到期（含一年）非流动负债（长期借款、应付债券、长期应付款）
	33	长期借款	长期借款 - 一年内到期的长期借款
	34	应付债券	应付债券 - 一年内到期的应付债券
	35	长期应付款	长期应付款总账余额 - 一年内到期的长期应付款
	36	其他非流动负债	有关科目的期末余额
所有者权益	37	实收资本（或股本）	实收资本（或股本）账期末余额
	38	资本公积	资本公积账期末余额
	39	盈余公积	盈余公积账期末余额
	40	未分配利润	本年利润账期末贷方余额+利润分配账期末贷方余额（借方表示亏损以“-”号填列）

6.2 利润表的应用

利润表是用以反映公司在一定期间利润实现（或发生亏损）的财务报表。它是一张动态报表。利润表可以为报表的阅读者提供做出合理的经济决策所需要的有关资料，可用来分析利润增减变化的原因、公司的经营成本等。

利润表的项目分为利润构成和利润分配两个部分。利润构成部分先列示销售收入，然后减去销售成本得出销售利润；再减去各种费用后得出营业利润（或亏损）；再加减营业外收入和支出后，即为利润（亏损）总额。利润分配部分先将利润总额减去应交所得税后得出税后利润；其下即为按分配方案提取的公积金和应付利润；如有余额，即为未分配利润。利润表中的利润分配部分如单独划出列示，则为“利润分配表”。

利润表上反映的会计信息，可以用来评价一个企业的经营效率和经营成果，评估投资的价值和报酬，进而衡量一个企业在经营管理上的成功程度。具体来说有以下几个方面的作用：

（1）利润表可作为经营成果的分配依据。利润表反映企业在一定期间的营业收入、营业成本、营业费用以及税金、各项期间费用和营业外收支等项目，最终计算出利润综合指标。利润表上的数据直接影响到许多相关集团的利益，如国家的税收收入、管理人员的奖金、职工的工资与其他报酬、股东的股利等。

（2）利润表能综合反映生产经营活动的各个方面，有助于考核企业经营管理人员的工作业绩。企业在生产、经营、投资、筹资等各项活动中的管理效率和效益都可以从利润数额的增减变化中综合地表现出来。企业管理人员通过对比收入、成本费用、利润与企业的生产经营计划，可以考核生产经营计划的完成情况，进而评价企业的经营业绩和效率。

（3）利润表可用来分析企业的获利能力，预测企业未来的现金流量。利润表揭示了经营利润、投资净收益和营业外的收支净额的详细资料，可据以分析企业的盈利水平，评估企业的获利能力。同时，财务报表使用者关注的各种预期的现金来源、收入、时间和不确定性，如股利或利息、出售证券的所得及借款的清偿，都与企业的获利能力密切相关，所以，收益水平在预测未来现金流量方面具有重要作用。

【任务描述】

天龙公司是机械制造有限公司，利润表提供的信息与企业的财务收支和盈利水平密切相关。债权人、投资人及其他会计信息使用者通过分析有可以了解企业的获利能力、偿债能力和投资价值。

【任务目标】

（1）了解利润表的格式。

（2）掌握利润表的编制方法。

（3）掌握利润表的编制。

（4）掌握利润表中所有项目的计算公式。

【任务分析】

针对上述任务，公司会计人员记录生产经营中企业不断发生的各种费用支出和取得的各种收入，收入减去费用，剩余的部分就是企业的盈利。取得的收入和发生的相关费用的对比情况就是企业的经营成果。如果企业经营不当，发生的生产经营费用超过取得的收入，企业就发生了亏损；反之企业就能取得一定的利润。会计部门应定期（一般按月份）核算企业的经营成果，并将核算结果编制成报表，这就形成了利润表。

【任务分解】

本任务可以分解为以下 4 个子任务：

子任务 1：利润表的格式。

子任务 2：利润表的编制方法。

子任务 3：利润表的编制。

子任务 4：利润表中所有项目的计算公式。

【任务实施】

6.2.1 利润表的格式

利润表正表的格式一般有两种：单步式利润表和多步式利润表。单步式利润表是将当期所有的收入列在一起然后将所有的费用列在一起，两者相减得出当期净损益。多步式利润表是通过对当期的收入、费用、支出项目按性质加以归类，按利润形成的主要环节列示一些中间性利润指标，如营业利润、利润总额、净利润，分步计算当期净损益。

我国企业会计制度规定，企业的利润表采用多步式，每个项目通常又分为“本月数”和“本年累计数”两栏分别填列。“本月数”栏反映各项目的本月实际发生数；在编制中期财务会计报告时，填列上年同期累计实际发生数；在编制年度财务会计报告时，填列上年全年累计实际发生数。如果上年度利润表与本年度利润表的项目名称和内容不一致，则按编制当年的口径对上年度利润表项目的名称和数字进行调整，填入本表“上年数”栏。在编制中期和年度财务会计报告时，将“本月数”栏改成“上年数”栏。本表“本年累计数”栏反映各项目自年初起至报告期末止的累计实际发生数。多步式利润表主要分四步计算企业的利润（或亏损）：第一步，以主营业务收入为基础，减去主营业务成本和主营业务税金及附加，计算主营业务利润；第二步，以主营业务利润为基础，加上其他业务利润，减去销售费用、管理费用、财务费用，计算出营业利润；第三步，以营业利润为基础，加上投资净收益、补贴收入、营业外收入，减去营业外支出，计算出利润总额；第四步，以利润总额为基础，减去所得税，计算净利润（或净亏损）。

6.2.2 利润表的编制方法

多步式损益表将损益表的内容作多项分类，从销售总额开始，多步式损益表分以下几步展示企业的经营成果及其影响因素。

第一步：反映销售净额，即销售总额减销货退回与折让以及销售税金后的余额。

第二步：反映销售毛利，即销售净额减销售成本后的余额。

第三步：反映销售利润，即销售毛利减销售费用、管理费用、财务费用等期间费用后的余额。

第四步：反映营业利润，即销售利润加上其他业务利润后的余额。

第五步：反映利润总额，即营业利润加（减）投资净收益、营业外收支、会计方法变更对前期损益的累积影响等项目后的余额。

第六步：反映所得税后利润，即利润总额减应计所得税（支出）后的余额。

6.2.3 利润表的编制

新建一个工作表，命名为“利润表”，参照表 6-3 制作利润表，要求工作表合理美观。

视频：利润表

表 6-3 利润表

编制单位： 单位：元

项　目	行次	本年累计数	上年同期数
一、主营业务收入	1		
减：主营业务成本	2		
税金及附加	3		
二、主营业务利润	4		
加：其他业务利润	5		
减：管理费用	6		
销售费用	7		
财务费用	8		
三、营业利润	9		
加：投资收益	10		
补贴收入	11		
营业外收入	12		
减：营业外支出	13		-
加：以前年度损益调整	14		
四、利润总额	15		
减：所得税	16		
五、净利润	17		
加：年初未分配利润	18		

表6-3(续)

项　目	行次	本年累计数	上年同期数
其他转入	19		
六、可供分配的利润	20		-
减：提取法定盈余公积	21		
提取法定公益金	22		
提取职工奖励及福利基金	23		
提取储备基金	24		
提取企业发展基金	25		
利润归还投资	26		
七、可供投资者分配的利润	27		
减：应付优先股股利	28		
提取任意盈余公积	29		
应付普通股股利	30		
转作资本（或股本）的普通股股利	31		
八、以前年度损益调整	32		
九、未分配利润	33		

补充资料：

项目	行次	本年累计数	上年同期数
1. 出售、处置部门或被投资单位所得收益	1		
2. 自然灾害发生的损失	2		
3. 会计政策变更增加（或减少）利润总额	3		
4. 会计估计变更增加（或减少）利润总额	4		
5. 债务重组损失	5		
6. 其他	6		

6.2.4　利润表中所有项目的计算公式

利润表中各个项目对应不同的计算公式，参照表 6-4，在 Excel 中填入所列项目的公式。

表 6-4　利润表的基本计算公式

项目	核算内容
一、营业收入	某期间的营业收入=（销售商品+提供劳务+出售材料+随同商品出售单独计价的包装物+出租固定资产、无形资产等+投资性房地产的出租收入+出售投资性房地产+自产产品视同销售的收入）-本期销售退回和销售折让的收入
减：营业成本	某期间的营业成本=（销售商品成本+提供劳务成本+自产产品作为福利发放给职工的成本+销售材料成本+随同商品出售的单独计价的包装物成本+出租无形资产的摊销+出租固定资产的折旧+投资性房地产出租的摊销或折旧（成本模式）+出售投资性房地产结转的账面价值）-本期销售退回的成本
税金及附加	
期间费用	销售费用、管理费用、财务
资产减值损失	1. 存货减值的计提和转回 2. 应收账款坏账准备的计提和转回 3. 固定资产、无形资产、投资性房地产（成本模式）和长期股权投资减值的计提 4. 可供出售金融资产减值的计提和可供出售金融资产（债务工具）的转回
加：公允价值变动收益（损失以“-”号填列）	反映企业应当计入当期损益的资产或负债公允价值变动收益 1. 公允价值变动损益贷方金额（+） 2. 公允价值变动损益借方金额（-） 【提示】最终公允价值变动损益贷方金额（+）；最终公允价值变动损益借方金额（-）
投资收益（损失以“-”号填列）	1. 取得交易性金融资产支付的交易费用 2. 确认新派发的现金股利（股票） （1）交易性金融资产 （2）可供出售金融资产 （3）长期股权投资（成本法） 3. 确认投资的利息（债券） （1）交易性金融资产 （2）持有至到期投资 （3）可供出售金融资产 4. 交易性金融资产处置收益或损失 5. 长期股权投资处置收益或损失 6. 长期股权投资权益法核算被投资单位实现净利润或发生净亏损 7. 可供出售金融资产的处置收益或损失 8. 持有至到期投资的处置收益或损失 【提示】最终投资收益贷方金额（+）；最终投资收益借方金额（-）
二、营业利润	【计算】

表6-4(续)

项目	核算内容
加：营业外收入	1. 非流动资产处置利得 主要包括固定资产处置利得和无形资产出售（转让无形资产所有权）利得 2. 盘盈利得 企业无法查明原因的现金溢余，批准后，借记“待处理财产损溢”科目，贷记“营业外收入”科目 【相关链接 1】固定资产盘盈比较特殊，通过“以前年度损益调整”科目核算（不影响本期净利润） 【相关链接 2】存货的盘盈，通过贷方“管理费用”科目核算（影响营业利润） 3. 捐赠利得 4. 非货币性资产交换利得，债务重组利得（考试仅仅考概念，无计算） 5. 确实无法支付的应付账款 6. 企业取得按照权益法核算的某项长期股权投资，初始投资成本小于投资时应享有的被投资单位可辨认净资产公允价值的份额的差额 7. 政府补助
减：营业外支出	1. 非流动资产处置净损失（包括固定资产处置损失和无形资产处置净损失） 2. 盘亏损失 固定资产的盘亏损失计入营业外支出 【相关链接 1】无法查明原因的现金短缺记入“管理费用”科目 【相关链接 2】存货的损失，根据情况分别处理：自然灾害造成的计入营业外支出；管理不善造成的计入管理费用 3. 公益性捐赠支出 4. 非常损失 指企业对于因客观因素（如自然灾害等）造成的损失，在扣除保险公司赔偿后应计入营业外支出的净损失 【相关链接】管理不善造成的计入管理费用 5. 罚款支出 6. 非货币性资产交换损失和债务重组损失（仅仅涉及概念）
三、利润总额	【计算】
减：所得税费用	所得税费用=当期所得税+递延所得税（费用或减收益）
四、净利润	【计算】

6.3 现金流量表的应用

现金流量表是财务报表的三个基本报告之一，所表达的是在一个固定期间（通常是每月或每季）内，一家机构的现金（包含银行存款）的增减变动情形。现金流量表主要反映出资产负债表中各个项目对现金流量的影响，并根据其用途划分为经营、投资及融资三个类别。现金流量表可用于分析一家机构在短期内有没有足够现金去应付开销。

现金流量表的主要作用有以下几点：

（1）现金流量表能够说明企业一定期间内现金流入和流出的原因。现金流量表将现金流量划分为经营活动、投资活动和筹资活动所产生的现金流量，并按照流入现金和流出现金项目分别反映。现金流量表能够清晰地反映企业现金从哪里来，又用到哪里去。这些信息是资产负债表和利润表所不能提供的。

（2）现金流量表能够说明企业的偿债能力和支付股利的能力。投资者投入资金、债权人提供企业短期或长期使用的资金，其目的主要是获利。通常情况下，财务报表阅读者比较关注企业的获利情况，并且往往以获得利润的数额作为衡量标准。企业获利多少在一定程度上表明了企业具有一定的现金支付能力。但是，企业一定期间内获得的利润并不代表企业真正具有偿债或支付能力。通过现金流量表，投资者和债权人可了解企业获取现金的能力和现金偿付的能力，从而使有限的社会资源流向最能产生效益的地方。

（3）现金流量表可以用来分析企业未来获取现金的能力。现金流量表反映企业一定期间内的现金流入和流出的整体情况。现金流量表中的经营活动产生的现金流量，代表企业运用其经济资源创造现金流量的能力；投资活动产生的现金流量，代表企业运用资金产生现金流量的能力；筹资活动产生的现金流量，代表企业筹资获得现金流量的能力。通过现金流量表及其他财务信息，使用者可以分析企业未来获取或支付现金的能力。

（4）现金流量表可以用来分析企业投资和理财活动对经营成果和财务状况的影响。现金流量表提供一定时期现金流入和流出的动态财务信息，表明企业在报告期内由经营活动、投资活动和筹资活动获得多少现金，企业获得的这些现金是如何运用的，能够说明资产、负债、净资产变动的原因，对资产负债表和利润表起到补充说明的作用。现金流量表是连接资产负债表和利润表的桥梁。

（5）现金流量表能够提供不涉及现金的投资和筹资活动的信息。现金流量表除了反映企业与现金有关的投资和筹资活动外，还通过补充资料（附注）方式提供不涉及现金的投资和筹资活动方面的信息，使会计报表使用者或阅读者能够全面了解企业的投资和筹资活动。

（6）编制现金流量表便于和国际惯例相协调。目前世界许多国家都要求企业编制现金流量表，如美国、英国、澳大利亚、加拿大等。我国企业编制现金流量表后，将对开展跨国经营、境外筹资、加强国际经济合作起到积极的作用。

【任务描述】

天龙公司是机械制造有限公司，公司的现金流量表可以揭示企业在一定时期内获取的现金以及交易和支付的现金。使用者通过现金流量表可以了解企业拥有多少现金，在会计期间内需要支付多少现金或者能够获得多少现金，从而了解和预测企业未来发展。

【任务目标】

（1）了解现金流量的分类。

（2）掌握现金流量表的编制原则。

（3）掌握现金流量表的编制。

（4）掌握利润表中所有项目的计算公式。

【任务分析】

针对上述任务，企业会计人员通过编制现金流量表帮助投资者、债权人评估企业未来的现金流量，并进一步评估企业偿还债务、支付股利能力及对外筹资的能力；同时便于报表使用者分析本期净利润与经营活动现金流量差异的原因。

【任务分解】

本任务可以分解为以下 4 个子任务：

子任务 1：现金流量的分类。

子任务 2：现金流量表的编制原则。

子任务 3：现金流量表的编制。

子任务 4：现金流量表中所有项目的计算公式。

【任务实施】

6.3.1 现金流量的分类

现金流量分为经营活动产生的现金流量、投资活动产生的现金流量和筹资活动产生的现金流量三类。

6.3.1.1 通过收到现金的内容区分

（1）经营活动收到现金。

①销售商品、提供劳务：销售商品、提供劳务收到的现金（含销项税金、销售材料、代购代销业务）。

②税费返还：返还的增值税、消费税、关税、所得税、教育费附加等。

③收到其他经营活动：罚款收入、个人赔偿、经营租赁收入等。

（2）投资活动收到现金。

①收回投资：短期股权、短期债权；长期股权、长期债权本金（不含长债利息、非现金资产）。

②投资收益：收到的股利、利息、利润（不含股票股利）。

③处置长期资产：处置固定资产、无形资产、其他长期资产收到的现金，减去处置费用后的净额，包括保险赔偿；负数在“其他投资活动”中反映。

④其他投资活动：反映企业除了上述各项以外，支付的其他与投资活动有关的现金流量。

（3）筹资活动收到现金。

①吸收投资：发行股票、发行债券收入净值（扣除发行费用，不含企业直接支付的审计、咨询等费用）。

②收到借款：举借各种短期借款、长期借款收到的现金。

③其他筹资活动：接受现金捐赠等。

6.3.1.2 通过收到现金的依据区分

（1）经营活动收到现金。

①销售商品、提供劳务：主营业务收入、其他业务收入、应收账款、应收票据、预收账款、现金、银行存款。

②税费返还：税金及附加、补贴收入、应收补贴款、现金、银行存款。

③其他经营活动：营业外收入、其他业务收入、现金、银行存款。

（2）投资活动收到现金。

①收回投资：短期投资、长期股权投资、长期债权投资、现金、银行存款。

②投资收益：投资收益、现金、银行存款。

③处置长期资产：固定资产清理、现金、银行存款。

④其他投资活动：应收股利、应收利息、现金、银行存款。

（3）筹资活动收到现金。

①吸收投资：实收资本、应付债券、现金、银行存款。

②收到借款：短期借款、长期借款、现金、银行存款。

③其他筹资活动：资本公积、现金、银行存款。

6.3.1.3 通过支付现金的内容区分

（1）经营活动支付现金。

①购买商品、接受劳务：购买商品、接受劳务支付的现金（扣除购货退回、含进项税）。

②支付职工：支付给职工的工资、奖金、津贴、劳动保险、社会保险、住房公积金、其他福利费（不含离退休人员）。

③支付的各项税费：本期实际缴纳的增值税、消费税、关税、所得税、教育费附加、矿产资源补偿费、“四税”等各项税费（含属于的前期、本期、后期，不含计入资产的耕地占用税）。

（2）投资活动支付现金。

①购建长期资产：购建固定资产、无形资产、其他长期资产支付的现金，分期购建资产首期付款（不含以后期付款、利息资本化部分、融资租入资产租赁费）。

②支付投资：进行股权性投资、债权性投资支付的本金及佣金、手续费等附加费。

③支付其他投资活动：支付购买股票时宣告未付的股利及利息。

（3）筹资活动支付现金。

①偿还债务：偿还借款本金、债券本金（不含利息）。

②支付股利、利息、利润：支付给其他单位的股利、利息、利润。

③支付其他筹资活动：捐赠支出、融资租赁支出、企业直接支付的发行股票债券的审计、咨询等费用等。

6.3.2 现金流量表的编制原则

（1）总额反映现金流入、流出信息。现金流量表一般情况下应以总额反映现金的流入和流出状况，但下列情况可用净额反映：

①周转快、金额大、期限短（通常为 3 个月或更短时间）的项目。

②金额不大的项目，如处置固定资产发生的现金收入和相关支出。需要注意的是，“处置固定资产、无形资产和其他长期资产所收回的现金净额”项目反映企业处置固定资产、无形资产和其他长期资产所取得的出售收入或保险赔款，减去为处置这些资产而支付的有关费用的净额。当支付的有关费用大于所取得的现金时，说明企业在该项投资活动中，从总体上来看并没有发生现金流入而是发生现金流出，所以不能在“处置固定资产、无形资产和其他长期资产所收回的现金净额”项目中以负数列示，而是在“支付的其他与投资活动有关的现金”项目中以正数反映。

③不反映企业自身交易或事项的现金流量项目，如代收代付款。

（2）合理划分经营活动、投资活动和筹资活动。比如，债券利息收入、股利收入属投资活动，而债券利息支出、股利支出则属筹资活动。企业发生的财务费用，应视其形成原因，分别在现金流量表的经营活动、投资活动、筹资活动中反映。比如，票据贴现利息属于企业的经营活动行为，作为“销售商品、提供劳务所收到的现金”的减项；银行存款利息收入属于企业经营活动行为，列入“收到的其他与经营活动有关的现金”；购买固定资产产生的汇兑损益属于企业的投资行为，列入“购建固定资产、无形资产和其他长期资产所支付的现金”；银行贷款利息支出属于企业的筹资行为，列入“分配股利、利润和偿付利息所支付的现金”。需要注意的是，有些支出具有多类现金流量特征，如缴纳所得税、自然灾害保险索赔款等，如不能分清，通常作为经营活动的现金流量反映。

（3）不涉及现金流量的投资活动和筹资活动，在补充资料中应适当反映。

6.3.3 现金流量表的编制

新建一个工作表，命名为“现金流量表”，参照表 6-5 制作现金流量表，要求表格合理美观。

视频：现金流量表

表 6-5　现金流量表

编制单位：　　　　　　　　　　　　年　月　日　　　　　　　　　　　单位：元

项目	本期金额	项目	本期金额
一、经营活动产生的现金流量：		补充资料	
销售商品、提供劳务收到的现金		1. 将净利润调节为经营活动现金流量：	
收到的税费返还		净利润	
收到其他与经营活动有关的现金		加：资产减值准备	
经营活动现金流入小计		固定资产折旧、油气资产折耗、生产性生物资产折旧	
购买商品、接受劳务支付的现金			
支付给职工以及为职工支付的现金		无形资产摊销	
支付的各项税费		待摊费用摊销	
支付其他与经营活动有关的现金		长期待摊费用摊销	
经营活动现金流出小计		预提费用	
经营活动产生的现金流量净额		处置固定资产、无形资产和其他长期资产的损失（收益以“-”号填列）	
二、投资活动产生的现金流量：			
收回投资收到的现金		固定资产报废损失（收益以“-”号填列）	
取得投资收益收到的现金		公允价值变动损失（收益以“-”号填列）	
处置固定资产、无形资产和其他长期资产收回的现金净额		财务费用（收益以“-”号填列）	
处置子公司及其他营业单位收到的现金净额		投资损失（收益以“-”号填列）	
收到其他与投资活动有关的现金		递延所得税负债减少（增加以“-”号填列）	
投资活动现金流入小计		递延所得税负债增加（减少以“-”号填列）	
购建固定资产、无形资产和其他长期资产支付的现金		存货的减少（增加以“-”号填列）	
投资支付的现金		经营性应收项目的减少（增加以“-”号填列）	
取得子公司及其他营业单位支付的现金净额		经营性应付项目的增加（减少以“-”号填列）	
支付其他与投资活动有关的现金		其他	

表6-5(续)

项目	本期金额	项目	本期金额
投资活动现金流出小计			
投资活动产生的现金流量净额			
三、筹资活动产生的现金流量:		经营活动产生的现金流量净额	
吸收投资收到的现金		2. 不涉及现金收支的重大投资和筹资活动:	
借款收到的现金		债务转资本	
收到其他与筹资活动有关的现金		一年内到期的可转换公司债券	
筹资活动现金流入小计		融资租入固定资产	
偿还债务支付的现金			
分配股利、利息或偿付利息支付的现金		3. 现金及现金等价物净变动情况:	
支付其他与筹资活动有关的现金		现金的期末余额	
筹资活动现金流出小计		减:现金的期初余额	
筹资活动产生的现金流量净额		加:现金等价物的期末余额	
四、汇率变动对现金及现金等价物的影响		减:现金等价物的期初余额	
五、现金及现金等价物净增加额		现金及现金等价物的净增加额	

6.3.4 现金流量表中所有项目的计算公式

6.3.4.1 确定主表的“经营活动产生的现金流量净额”

(1) 销售商品、提供劳务收到的现金。

销售商品、提供劳务收到的现金=利润表中主营业务收入×(1+17%)+利润表中其他业务收入+(应收票据期初余额-应收票据期末余额)+(应收账款期初余额-应收账款期末余额)+(预收账款期末余额-预收账款期初余额)-计提的应收账款坏账准备期末余额

(2) 收到的税费返还。

收到的税费返还=(应收补贴款期初余额-应收补贴款期末余额)+补贴收入+所得税本期贷方发生额累计数

(3) 收到的其他与经营活动有关的现金。

收到的其他与经营活动有关的现金=营业外收入相关明细本期贷方发生额+其他业务收入相关明细本期贷方发生额+其他应收款相关明细本期贷方发生额+其他应付款相关明细本期贷方发生额+银行存款利息收入 (式 6-1)

在具体操作中，由于是根据两大主表和部分明细账簿编制现金流量表，数据很难精确，故该项目留到最后倒挤填列，计算公式是：

收到的其他与经营活动有关的现金＝补充资料中“经营活动产生的现金流量净额”－｛（1+2）－（4+5+6+7）｝　（式6-2）

式6-2倒挤产生的数据，与式6-1计算的结果相差不会太大。

（4）购买商品、接受劳务支付的现金。

购买商品、接受劳务支付的现金=［利润表中主营业务成本+（存货期末余额-存货期初余额）］×（1+17%）+其他业务支出（剔除税金）+（应付票据期初余额-应付票据期末余额）+（应付账款期初余额-应付账款期末余额）+（预付账款期末余额-预付账款期初余额）

（5）支付给职工以及为职工支付的现金。

支付给职工以及为职工支付的现金=“应付工资”科目本期借方发生额累计数+“应付福利费”科目本期借方发生额累计数+管理费用中“养老保险金”“待业保险金”“住房公积金”“医疗保险金”+成本及制造费用明细表中的“劳动保护费”

（6）支付的各项税费。

支付的各项税费=“应交税金”各明细账户本期借方发生额累计数+“其他应交款”各明细账户借方数+“管理费用”中“税金”本期借方发生额累计数+“其他业务支出”中有关税金项目

此即企业实际缴纳的各种税金和附加税，但不包括进项税。

（7）支付的其他与经营活动有关的现金。

支付的其他与经营活动有关的现金＝营业外支出（剔除固定资产处置损失）+管理费用（剔除工资、福利费、劳动保险金、待业保险金、住房公积金、养老保险、医疗保险、折旧、坏账准备或坏账损失、列入的各项税金等）+营业费用、成本及制造费用（剔除工资、福利费、劳动保险金、待业保险金、住房公积金、养老保险、医疗保险等）+其他应收款本期借方发生额+其他应付款

6.3.4.2　确定主表的“投资活动产生的现金流量净额”

（1）收回投资所收到的现金。

收回投资所收到的现金=（短期投资期初数-短期投资期末数）+（长期股权投资期初数-长期股权投资期末数）+（长期债权投资期初数-长期债权投资期末数）

该公式中，如期初数小于期末数，则在投资所支付的现金项目中核算。

（2）取得投资收益所收到的现金。

取得投资收益所收到的现金=利润表投资收益-（应收利息期末数-应收利息期初数）-（应收股利期末数-应收股利期初数）

（3）处置固定资产、无形资产和其他长期资产所收回的现金净额。

处置固定资产、无形资产和其他长期资产所收回的现金净额=“固定资产清理”的贷方余额+（无形资产期末数-无形资产期初数）+（其他长期资产期末数-其他长期资产期初数）

（4）收到的其他与投资活动有关的现金。

如收回融资租赁设备本金等。

（5）购建固定资产、无形资产和其他长期资产所支付的现金。

购建固定资产、无形资产和其他长期资产所支付的现金=（在建工程期末数-在建工程期初数）（剔除利息）+（固定资产期末数-固定资产期初数）+（无形资产期末数-无形资产期初数）+（其他长期资产期末数-其他长期资产期初数）

上述公式中，如期末数小于期初数，则在处置固定资产、无形资产和其他长期资产所收回的现金净额项目中核算。

（6）投资所支付的现金。

投资所支付的现金=（短期投资期末数-短期投资期初数）+（长期股权投资期末数-长期股权投资期初数）（剔除投资收益或损失）+（长期债权投资期末数-长期债权投资期初数）（剔除投资收益或损失）

公式中，如期末数小于期初数，则在收回投资所收到的现金项目中核算。

（7）支付的其他与投资活动有关的现金。

如投资未按期到位罚款。

6.3.4.3 确定主表的“筹资活动产生的现金流量净额”

（1）吸收投资所收到的现金。

吸收投资所收到的现金=（实收资本或股本期末数-实收资本或股本期初数）+（应付债券期末数-应付债券期初数）

（2）借款收到的现金。

借款收到的现金=（短期借款期末数-短期借款期初数）+（长期借款期末数-长期借款期初数）

（3）收到的其他与筹资活动有关的现金。

如投资人未按期缴纳股权的罚款现金收入等。

（4）偿还债务所支付的现金。

偿还债务所支付的现金=（短期借款期初数-短期借款期末数）+（长期借款期初数-长期借款期末数）（剔除利息）+（应付债券期初数-应付债券期末数）（剔除利息）

（5）分配股利、利润或偿付利息所支付的现金。

分配股利、利润或偿付利息所支付的现金=应付股利借方发生额+利息支出+长期借款利息+在建工程利息+应付债券利息-预提费用中“计提利息”贷方余额-票据贴现利息支出

（6）支付的其他与筹资活动有关的现金。

如发生筹资费用所支付的现金、融资租赁所支付的现金、减少注册资本所支付的现金（收购本公司股票，退还联营单位的联营投资等）、企业以分期付款方式购建固定资产，除首期付款支付的现金以外的其他各期所支付的现金等。

6.3.4.4 确定补充资料的“现金及现金等价物的净增加额”

现金的期末余额=资产负债表“货币资金”期末余额

现金的期初余额=资产负债表“货币资金”期初余额

现金及现金等价物的净增加额=现金的期末余额-现金的期初余额

一般企业很少有现金等价物，故该公式未考虑此因素，如有则应相应填列。

6.3.4.5 确定补充资料中的“经营活动产生的现金流量净额”

（1）净利润。

该项目根据利润表净利润数填列。

（2）计提的资产减值准备。

计提的资产减值准备=本期计提的各项资产减值准备发生额累计数

注：直接核销的坏账损失，不计入。

（3）固定资产折旧。

固定资产折旧=制造费用中折旧+管理费用中折旧
=累计折旧期末数-累计折旧期初数

注：未考虑因固定资产对外投资而减少的折旧。

（4）无形资产摊销。

无形资产摊销=无形资产（期初数-期末数）
=无形资产贷方发生额累计数

注：未考虑因无形资产对外投资减少。

（5）长期待摊费用摊销。

长期待摊费用摊销=长期待摊费用（期初数-期末数）
=长期待摊费用贷方发生额累计数

（6）待摊费用的减少（减：增加）。

待摊费用的减少（减：增加）=待摊费用期初数-待摊费用期末数

（7）预提费用增加（减：减少）。

预提费用增加（减：减少）=预提费用期末数-预提费用期初数

（8）处置固定资产、无形资产和其他长期资产的损失（减：收益）。

根据固定资产清理及营业外支出（或收入）明细账分析填列。

（9）固定资产报废损失。

根据固定资产清理及营业外支出明细账分析填列。

（10）财务费用。

财务费用=利息支出-应收票据的贴现利息

（11）投资损失（减：收益）。

投资损失（减：收益）= 投资收益（借方余额正号填列，贷方余额负号填列）

（12）递延税款贷项（减：借项）。

递延税款贷项（减：借项）= 递延税款期末数-递延税款期初数

（13）存货的减少（减：增加）。

存货的减少（减：增加）= 存货期初数-存货期末数

注：未考虑存货对外投资的减少。

（14）经营性应收项目的减少（减：增加）。

经营性应收项目的减少（减：增加）= 应收账款（期初数-期末数）+应收票据（期初数-期末数）+预付账款（期初数-期末数）+其他应收款（期初数-期末数）+待摊费用（期初数-期末数）-坏账准备期末余额

（15）经营性应付项目的增加（减：减少）。

经营性应付项目的增加（减：减少）= 应付账款（期末数-期初数）+预收账款（期末数-期初数）+应付票据（期末数-期初数）+应付工资（期末数-期初数）+应付福利费（期末数-期初数）+应交税金（期末数-期初数）+其他应交款（期末数-期初数）

（16）其他。

7 Excel 在财务报表分析中的应用

【知识目标】

（1）了解财务分析的目的，理解财务分析的程序和主要方法。

（2）掌握财务分析的主要数据来源。

【能力目标】

（1）掌握财务比率的计算公式，掌握财务图解分析的各种方法，并能够熟练地进行计算分析。

（2）能够熟练应用 Excel2016 建立财务比率分析模型，能够根据财务数据性质合理选择图表类型和图解分析方法，掌握杜邦系统分析图的建立方法。

【思政目标】

（1）遵循谨慎的原则，判断会计信息的实用性及正确性。

（2）热爱工作岗位，遵守工作规范，约束自身行为，账目要真实。

7.1 基于 Excel 的财务报表的结构与趋势分析

财务报表分析的结构分析法是指对经济系统中各组成部分及其对比关系变动规律的分析。结构分析主要是一种静态分析，即对一定时期内的企业财务报表的分析。如果对不同时期内经济结构变动进行分析，则属动态分析。财务报表分析结果可以文字、数值、图形等多种形式输出。

【任务描述】

以 X 公司 2015—2018 年的三大财务报表为例，运用结构分析法对企业财务状况（结构）、营运能力、偿债能力和盈利能力进行分析，并建立相应的模型。

【任务目标】

（1）建立资产负债表的结构分析模型、趋势分析模型。

（2）建立利润表结构分析模型、趋势分析模型。

（3）建立现金流量表的结构分析模型、趋势分析模型。

【任务分析】

针对上述任务，根据 X 公司的三大财务报表数据，利用 Excel 的公式、函数和图表，分别建立相应的结构分析模型和趋势分析模型。

【任务实施】

7.1.1 结构分析模型

7.1.1.1 资产负债表的结构分析模型

资产负债表是反映企业在某一特定日期（月末、年末）所拥有的资产、负债和所有者权益等财务状况的会计报表。资产负债表的结构分析主要是分析资产负债表中的各项目在总资产中所占的比重，在分析时，以资产负债表中的资产总计为基础，将其他各项目的数据与资产总计相比较，求出各个项目在总资产中所占的结构百分比，即可得出资产负债表的结构分析模型。

视频：资产负债表结构与趋势分析

【例 7-1】假定 X 公司 2018 年的资产负债表如图 7-1 所示，试对该公司 2018 年年末资产负债表进行结构分析。

	A	B	C	D	E	F
1	2018年资产负债表					单位金额：元
2	项目	年初金额	年末金额	项目	年初金额	年末金额
3	流动资产：			流动负债：		
4	货币资金	8 75 300	974 000	短期借款	300 000	10 000
5	交易性金融资产	0	0	交易性金融负债	0	0
6	应收票据	36 000	30 000	应付票据	360 000	420 000
7	应收账款	8 70 000	530 000	应付账款	865 900	892 600
8	预付账款	4 50 000	320 000	预收账款	126 380	153 200
9	应收股利	0	0	应付职工薪酬	531 000	872 000
10	应收利息	0	0	应交税费	156 320	165 000
11	其他应收款	83 000	25 000	应付股利	143 460	653 000
12	存货	4 500 600	6 452 000	其他应付款	150 000	634 020
13	流动资产合计	6 814 900	8 331 000	其他流动负债	2 000	1 880
14	非流动资产：			流动负债合计	2 635 060	3 891 700
15	可供出售的金融资产	0	0	非流动负债：		
16	长期应收款	0	0	长期借款	2 000 000	2 200 000
17	长期股权投资	0	0	应付债券	0	0
18	固定资产	5 850 000	6 075 000	递延所得税负债	18 650	32 300
19	在建工程	83 610	0	其他非流动负债	0	0
20	工程物资		0	非流动负债合计	2 018 650	2 232 300
21	固定资产清理		0	负债合计	4 653 710	6 124 000
22	无形资产	32 000	280 000	所有者权益：		
23	商誉			股本	8 000 000	8 000 000
24	长期待摊费用			资本公积	16 000	16 000
25	递延所得税资产	83 200	88 000	盈余公积	182 000	381 000
26	其他非流动资产			未分配利润	12 000	253 000
27	非流动资产合计	6 048 810	6 443 000	股东权益合计	8 210 000	8 650 000
28	资产总计	12 863 710	14 774 000	负债及股东权益合计	12 863 710	14 774 000

图 7-1 资产负债表

【分析思路】建立新的工作表“资产负债表结构分析模型”，然后将资产负债表中的项目和期末数据复制到该表中，就可以进行资产负债表的结构分析。具体操作步骤如下：

（1）新建一个 Excel 工作簿，命名为“资产负债表分析”。

（2）在“资产负债表分析”工作簿中，新建一张工作表，命名为“资产负债表结构分析模型”。

（3）根据 2018 年资产负债表资料编制“资产负债表结构分析模型”。

（4）在单元格 C4 输入公式“= B2/B28 * 100%”，得到货币资金占总资产的结构百分比。

（5）选择 C4 单元格，按住鼠标由单元格 C4 拖动至 C28 处，得到相关项目占总资产的结构百分比。

（6）在单元格 E4 处输入公式“= E4/E $28 * 100%”，得到短期负债占负债及所有者权益的结构百分比。

（7）选择 E4 单元格，按住鼠标由单元格 E4 拖动至 E28 单元格中。

（8）C 列和 F 列数字部分区域设置【单元格格式】中的【数字】为【百分比】型，小数点后面保留两位。

经过上述步骤操作，即可得到如图 7-2 所示的结果。

	A	B	C	D	E	F
1	资产负债表结构分析模型					单位金额：元
2	项目	期末数	结构比（%）	项目	期末数	结构比（%）
3	流动资产：			流动负债：		
4	货币资金	974 000	6.59%	短期借款	10 000	0.07%
5	交易性金融资产	0	0.00%	交易性金融负债	0	0.00%
6	应收票据	30 000	0.20%	应付票据	420 000	2.84%
7	应收账款	530 000	3.59%	应付账款	892 600	6.04%
8	预付账款	320 000	2.17%	预收账款	153 200	1.04%
9	应收股利	0	0.00%	应付职工薪酬	872 000	5.90%
10	应收利息	0	0.00%	应交税费	165 000	1.12%
11	其他应收款	25 000	0.17%	应付股利	653 000	4.42%
12	存货	6 452 000	43.67%	其他应付款	634 020	4.29%
13	流动资产合计	8 331 000	56.39%	其他流动负债	1 880	0.01%
14	非流动资产：		0.00%	流动负债合计	3 891 700	26.34%
15	可供出售的金融资产	0	0.00%	非流动负债：		0.00%
16	长期应收款	0	0.00%	长期借款	2 200 000	14.89%
17	长期股权投资	0	0.00%	应付债券	0	0.00%
18	固定资产	6 075 000	41.12%	递延所得税负债	32 300	0.22%
19	在建工程	0	0.00%	其他非流动负债	0	0.00%
20	工程物资	0	0.00%	非流动负债合计	2 232 300	15.11%
21	固定资产清理	0	0.00%	负债合计	6 124 000	41.45%
22	无形资产	280 000	1.90%	所有者权益：		0.00%
23	商誉		0.00%	股本	8 000 000	54.15%
24	长期待摊费用		0.00%	资本公积	16 000	0.11%
25	递延所得税资产	88 000	0.60%	盈余公积	381 000	2.58%
26	其他非流动资产		0.00%	未分配利润	253 000	1.71%
27	非流动资产合计	6 443 000	43.61%	股东权益合计	8 650 000	58.55%
28	资产总计	14 774 000	100.00%	负债及股东权益合计	14 774 000	100.00%

资产负债表结构分析模型（一） 资产负债表结构分析模型（二） 资产负债表结构分析饼图 资

图 7-2 资产负债结构分析模型

为了更直观地反映企业的总资产结构，还可以从资产的构成和来源两方面来绘制出企业总资产的结构图，以饼状图表示（见图 7-3 和图 7-4）。

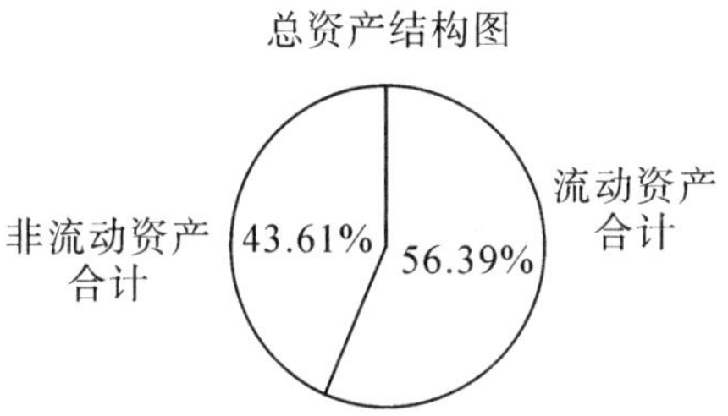

图 7-3　总资产结构图

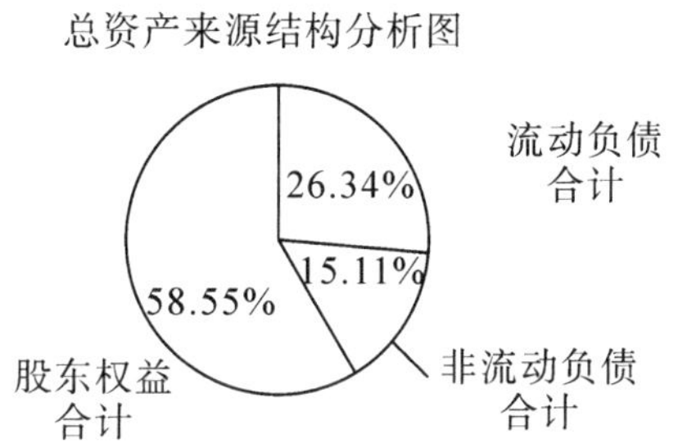

图 7-4　总资产结构分析图

7.1.1.2　利润表结构分析模型

利润表（损益表）是反映企业在一定时期内的经营成果（盈利或亏损）的实际情况的财务报表。利润表可以反映企业在一定时期内的经营成果，可以评价企业利润计划的完成情况，可以分析利润增减变化情况及原因，还可以结合其他资料，预测企业的获利能力、偿债能力、营运能力。

视频：利润表结构与趋势分析

利润表的结构分析主要是将企业主营业务收入作为总体，计算分析其他各主要项目与主营业务收入的比重，其通常是通过编制结构比利润表来进行的，重点是分析企业成本费用和利润与销售收入的百分比。

【例 7-2】假定 X 公司 2018 年度利润表如图 7-5 所示。试对该公司 2018 年度利润表进行结构分析。

	A	B	C
1	利润表		
2	2016年度		金额单位：元
3	项目	本期金额	上期金额
4	一、营业收入	5 600 000	3 850 000
5	减：营业成本	3 300 000	2 500 000
6	税金及附加	340 000	230 000
7	销售费用	81 000	78 000
8	管理费用	234 000	241 000
9	财务费用	52 000	46 200
10	资产减值损失	0	0
11	加：公允价值收益	0	0
12	投资收益	40 000	5 000
13	二、营业利润	1 633 000	837 800
14	加：营业外收入	65 300	34 000
15	减：营业外支出	16 000	18 700
16	三、利润总额	1 682 300	853 100
17	减：所得税	420 575	213 275
18	四、净利润	1 261 725	639 825
19	五、每股收益		
20	（一）基本每股收益		
21	（二）稀释每股收益		

图 7-5　利润表

【分析思路】将 2018 年度利润表的项目和本年累计数复制并粘贴过来，利用利润表中的数据资料直接建立模型计算。具体操作步骤如下：

（1）新建一个 Excel 工作簿，命名为“利润表分析”。

（2）在“利润表分析”工作簿中新建一张工作表，命名为“利润表结构分析模型”。

（3）将提供的利润表数据复制到“利润表结构分析模型”中，设计结构分析模型。

（4）在“利润表结构分析模型”中 C5 处输入公式“=B5/B $5”，计算出 C5 的结构比。

（5）利用填充柄完成 C 列的结果。

（6）设置 C 列单元格格式，选中其中单元格，设置【单元格格式】中的【数字】为【百分比】型，小数点保留两位。

完成上述操作步骤后，即可得到如图 7-6 所示的利润表结构分析模型。

用户也可以在上述模型的基础上，绘制利润表结构分析图，这样能够直观地显现出利润表中各项目占收入的百分比（见图 7-7）。

	A	B	C
1	利润表结构分析模型		
2		2018年度	金额单位：元
3	项目	本年数	
4		实际金额	结构比
5	一、营业收入	5 600 000	100.00%
6	减：营业成本	3 300 000	58.93%
7	税金及附加	340 000	6.07%
8	销售费用	81 000	1.45%
9	管理费用	234 000	4.18%
10	财务费用	52 000	0.93%
11	资产减值损失	0	0.00%
12	加：公允价值收益	0	0.00%
13	投资收益	40 000	0.71%
14	二、营业利润	1 633 000	29.16%
15	加：营业外收入	65 300	1.17%
16	减：营业外支出	16 000	0.29%
17	三、利润总额	1 682 300	30.04%
18	减：所得税	420 575	7.51%
19	四、净利润	1 261 725	22.53%
20	五、每股收益		
21	（一）基本每股收益		
22	（二）稀释每股收益		

图 7-6　利润表结构分析模型

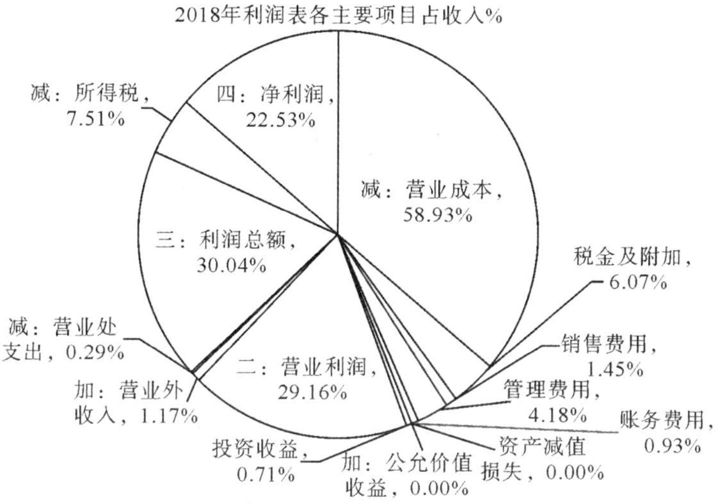

图 7-7　利润表结构分析图

7.1.1.3　现金流量表的结构分析模型

现金流量表是以企业现金流量为反映对象的财务状况变动表，该表反映了企业一定时期内现金的流入和流出情况，同时也反映企业获得现金和现金等价物的能力。现金流量表的编制基础是收付实现制。

视频：现金流量表结构与分析

使用者对现金流量表进行结构分析和趋势分析，可以知道企业一定时期内现金流量的发生及构成情况，掌握其变动趋势，并可以进一步预测企业未来现金流量的情况。

现金流量表的结构分析一般包括总体结构和分类结构分析两个方面。

（1）现金流量表的总体结构分析。

现金流量表的总体结构分析是指对企业同一时期现金流量表中不同项目进行比较与分析，分析企业现金流入的主要来源和现金流出的方向，并评价现金流入流出对净现金流量的影响。

它是以现金流量表中的“现金及现金等价物净增加额”作为总体，计算分析企业各项活动产生的现金流量占总体的比重情况。其中，现金流量结构比率是单项活动的现金流量与各单项活动流量之和的比率，说明企业现金总流量的构成情况。

现金流量结构比率=各项活动现金流量/各项活动现金流量之和

【例 7-3】假如 X 公司 2016 年、2017 年和 2018 年的现金流量表如图 7-8 所示，试对该公司现金流量表进行总体结构分析。具体操作步骤如下：

①新建一个 Excel 工作簿，命名为“现金流量表分析”。

②在“现金流量表分析”工作簿中新建一张工作表，将其命名为“现金流量表结构

分析——总体结构分析模型”，并将相关项目输入各单元格。

③然后利用现金流量表中的数据进行计算分析，设置【单元格格式】中【数字】为【百分比】型。

④在“现金流量表分析”工作表，单元格 B4='2016-2018 年现金流量表'！C7/('2016-2018 年现金流量表'！C7+'2016-2018 年现金流量表'！C20+'2016-2018 年现金流量表'！C30)。

⑤单元格 B7='2016-2018 年现金流量表'！C20/（'2016-2018 年现金流量表'！C7+'2016-2018 年现金流量表'！C20+'2016-2018 年现金流量表'！C30)。

⑥单元格 B10='2016-2018 年现金流量表'！C30/（'2016-2018 年现金流量表'！C7+'2016-2018 年现金流量表'！C20+'2016-2018 年现金流量表'！C30)。

⑦单元格 B14 =B4+B7+B10。

⑧选取单元格区域 B4：B14，将其复制到单元格区域 C4：D14，便可得到 2017 年、2018 年的现金流入总体结构。

	A	B	C	D	E
1	X公司2016-2018年现金流量表				金额单位：元
2	项目	行次	2016年	2017年	2018年
3	一、经营活动产生的现金流量	1			
4	销售商品、提供劳务收到的现金	2	8 548 004	8 725 040	7 544 800
5	收到的税费返还	3	148 057	40 803	308 048
6	收到的其他与经营活动有关的现金	4	545 482	648 048	480 805
7	现金流入小计	5	9 241 543	9 413 891	8 333 653
8	购买商品、接受劳务支付的现金	6	4 051 005	5 401 080	4 538 028
9	支付给职工以及为职工支付的现金	7	2 534 216	2 800 653	2 645 814
10	支付的各项税费	8	652 378	680 540	458 180
11	支付的其他与经营活动有关的现金	9	284 931	315 215	141 535
12	现金流出小计	10	7 522 530	9 197 488	7 783 557
13	经营活动产生的现金流量净额	11	1 719 013	216 403	550 096
14	二、投资活动产生的现金流量	12			
15	收回投资所收到的现金	13	455 485	215 125	451 255
16	取得投资收益所收到的现金	14	871 521	515 253	245 541
17	处置固定资产、无形资产和其他长期资产所收到的现金净额外	15	54 642	511 434	151 551
18	处置子公司及其他营业单位收到的现金净额	16	0	0	0
19	收到的其他与投资活动有关的现金	17	465 282	41 521	315 215
20	现金流入小计	18	1 846 930	1 283 333	1 163 562
21	购建固定资产、无形资产和其他长期资产所支付的现金	19	468 713	645 282	243 510
22	投资所支付的现金	20	4 200 000	450 000	215 000
23	支付的其他与投资活动有关的现金	21	131 251	152 550	45 540
24	现金流出小计	22	4 799 964	1 247 832	504 050
25	投资活动产生的现金流量净额	23	-2 953 034	35 501	659 512
26	三、筹资活动产生的现金流量	24			
27	吸收投资所收到的现金	25	2 000 000	2 000 000	1 000 000
28	借款所收到的现金	26	230 000	340 000	320 000
29	收到其他与筹资活动有关的现金	27	0	0	0
30	现金流入小计	28	2 230 000	2 340 000	1 320 000
31	偿还债务所支付的现金	29	380 000	515 355	651 531
32	分配股利、利润或偿付利息所支付的现金	30	1 350 000	1 300 000	153 500
33	支付的其他与筹资活动有关的现金	31	45 252	504 825	535 465
34	现金流出小计	32	1 775 252	2 320 180	1 340 496
35	筹资活动产生现金流量净额	33	454 748	19 820	-20 496
36	四、汇率变动对现金的影响额	34	0	0	
37	五、现金及现金等价物净增加额	35	-779 273	271 724	1 189 112
38	加：期初现金及现金等价物	36	5 458 105	512 152	458 121
39	六、期末现金及现金等价物	37	4 678 832	783 876	1 647 233

图 7-8　现金流量表

依据同样的原理，计算现金流出结构和现金净额构成各有关项目，即可得到如图 7-9 所示的现金流量表总体结构分析。

X公司现金流量的总体结构分析									
项目	现金流入构成			现金流出构成			现金净额构成		
	2016年	2017年	2018年	2016年	2017年	2018年	2016年	2017年	2018年
经营活动现金流入小计	69.39%	72.21%	77.04%						
经营活动现金流出小计				53.36%	72.05%	80.84%			
经营活动产生的现金流量净额							-220.59%	79.64%	46.26%
投资活动现金流入小计	13.87%	9.84%	10.76%						
投资活动现金流出小计				34.05%	9.78%	5.24%			
投资活动产生的现金流量净额							378.95%	13.07%	55.46%
筹资活动现金流入小计	16.74%	17.95%	12.20%						
筹资活动现金流出小计				12.59%	18.18%	13.92%			
筹资活动产生的现金流量净额							-58.36%	7.29%	-1.72%
汇率变动对现金的影响额									
现金及现金等价物净增加额	100.00%	100.00%	100.00%	100.00%	100.00%	100.00%	100.00%	100.00%	100.00%

图 7-9　现金流量表总体结构分析

另外，还可以在上述分析模型基础上，绘制出现金流量结构图，图 7-10 是以饼状图表现的 2016 年现金流量结构图。

X公司现金流量的总体结构分析									
项目	现金流入构成			现金流出构成			现金净额构成		
	2016年	2017年	2018年	2016年	2017年	2018年	2016年	2017年	2018年
经营活动现金流入小计	69.39%	72.21%	77.04%						
经营活动现金流出小计				53.36%	72.05%	80.84%			
经营活动产生的现金流量净额							-220.59%	79.64%	46.26%
投资活动现金流入小计	13.87%	9.84%	10.76%						
投资活动现金流出小计				34.05%	9.78%	5.24%			
投资活动产生的现金流量净额							378.95%	13.07%	55.46%
筹资活动现金流入小计	16.74%	17.95%	12.20%						
筹资活动现金流出小计				12.59%	18.18%	13.92%			
筹资活动产生的现金流量净额							-58.36%	7.29%	-1.72%
汇率变动对现金的影响额									
现金及现金等价物净增加额	100.00%	100.00%	100.00%	100.00%	100.00%	100.00%	100.00%	100.00%	100.00%

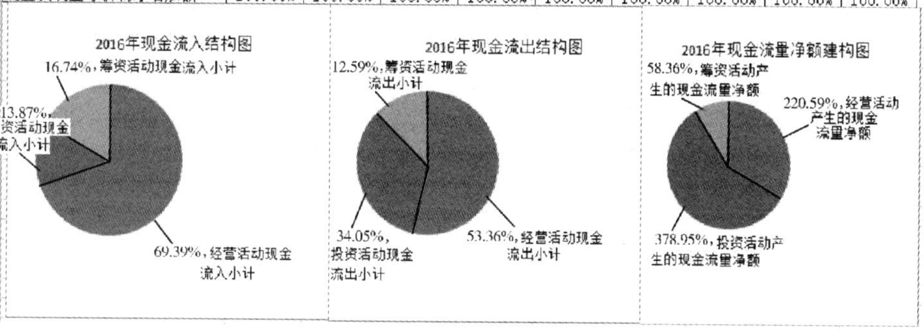

图 7-10　现金流量结构图

（2）现金流量表的分类结构分析。

现金流量表的分类结构是指对企业一定时期的经营活动、投资活动和筹资活动的现金流入、流出具体项目构成进行的分析。它是以每项经济活动的现金流量总体为基础，计算该项活动内各项业务的现金流量占总体的比重，来反映企业各项经济活动中每一个项目现金流量发生及构成的详细信息。

【例7-4】我们仍以图7-8中2016年现金流量表的资料为例，对X公司的现金流量表进行分类结构分析。

【分析思路】在现金流量表的分类结构分析中，可以不涉及总体结构内容，因此为简化起见，可以建立下列工作表，并将其命名为“现金流量表结构分析——分类结构分析”。然后利用2016年现金流量表的数据进行计算分析，设置【单元格格式】中【数字】为【百分比】型，小数点后保留两位。具体操作步骤如下：

①打开“现金流量分析”工作簿，新建一张工作表，命名为“现金流量表结构分析——分类结构分析”。

②将工作簿中的2016年现金流量表数据复制到“现金流量表结构分析——分类结构分析”中，并按分类结构设计分析模型。

③在单元格区域C4：C7输入数组公式{=B4：B7/B7}。

④在单元格区域C15：C20输入数组公式{=B15：B20/B20}。

⑤在单元格区域C27：C30输入数组公式{=B27：B307/B30}。

⑥在单元格区域D8：D12输入数组公式{=B8：B12/B12}。

⑦在单元格区域D21：D252输入数组公式{=B21：B25/B25}。

⑧在单元格区域D31：D34输入数组公式{=B31：B34/B34}。

⑨最后按Ctrl+Shift+Enter组合键确认。

按上述步骤操作后，就可以得到如图7-11所示的结果。

	A	B	C	D
1	现金流量表分类建构分析			
2	项目	2016年	现金流入构成	现金流出构成
3	一、经营活动产生的现金流量			
4	销售商品、提供劳务收到的现金	8 548 004	92.50%	
5	收到的税费返还	148 057	1.60%	
6	收到的其他与经营活动有关的现金	545 482	5.90%	
7	现金流入小计	9 241 543	100.00%	
8	购买商品、接受劳务支付的现金	4 051 005		53.85%
9	支付给职工以及为职工支付的现金	2 534 216		33.69%
10	支付的各项税费	652 378		8.67%
11	支付的其他与经营活动有关的现金	284 931		3.79%
12	现金流出小计	7 522 530		100.00%
13	经营活动产生的现金流量净额	1 719 013		
14	二、投资活动产生的现金流量			
15	收回投资所收到的现金	455 485	24.66%	
16	取得投资收益所收到的现金	871 521	47.19%	
17	处置固定资产、无形资产和其他长期资产所收到的现金净额外	54 642	2.96%	
18	处置子公司及其他营业单位收到的现金净额	0	0.00%	
19	收到的其他与投资活动有关的现金	465 282	25.19%	
20	现金流入小计	1 846 930	100.00%	
21	购建固定资产、无形资产和其他长期资产所支付的现金	468 713		9.76%
22	投资所支付的现金	4 200 000		87.50%
23	支付的其他与投资活动有关的现金	131 251		2.73%
24	现金流出小计	4 799 964		100.00%
25	投资活动产生的现金流量净额	-2 953 034		
26	三、筹资活动产生的现金流量			
27	吸收投资所收到的现金	2 000 000	89.69%	
28	借款所收到的现金	2 300 00	10.31%	
29	收到其他与筹资活动有关的现金	0	0.00%	
30	现金流入小计	2 230 000	100.00%	
31	偿还债务所支付的现金	380 000		21.41%
32	分配股利、利润或偿付利息所支付的现金	1 350 000		76.05%
33	支付的其他与筹资活动有关的现金	45 252		2.55%
34	现金流出小计	1 775 252		100.00%
35	筹资活动产生现金流量净额	454 748		
36	四、汇率变动对现金的影响额	0		
37	五、现金及现金等价物净增加额	-779 273		

图 7-11　现金流量表结构分析

7.1.2　趋势分析模型

趋势分析法又叫比较分析法、水平分析法，它是通过对财务报表中各类相关数字资料，将两期或多期连续的相同指标或比率进行定基对比和环比对比，得出它们的增减变动方向、数额和幅度，以揭示企业财务状况、经营情况和现金流量变化趋势的一种分析方法。采用趋势分析法通常要编制比较会计报表。

7.1.2.1　资产负债表趋势分析模型

资产负债表趋势分析一般是采用连续几期财务报表数据（通常至少 3 期的财务数据），分析财务单位的各期经营状况及其变化趋势的方法。相关人员通过连续几期财务数据的比较，可以大体了解企业的发展趋势和变化情况，同时还可以进一步分析企业发生变化的原因。一般情况下，企业各年度的各项财务指标波动的幅度应该不大。我们所要关注的是某一年度异常的变动，这种异常变动包括某一年度的指标突然趋向有利方向或是不利方向，以及波动幅度突然增大。找出指标异动的年度，重点分析这一年度与指标变动有关的因素，我们通常可以通过编制比较资产负债表来进行。为了全面地反映财务指标的变动趋势，应该在使用报表的绝对数进行增减变动比较的同时，计算出增减变动幅度的百分比，从相对意义上进行比较，使分析更具有实际意义。当然我们也可以通过几期的结构百分比数据来进行分析。

【例 7-5】假定 X 公司 2016 年资产负债表如图 7-12 所示，试对该企业近三年的资产负债表各项目的发展趋势进行分析。

	A	B	C	D	E	F
1	2016 年资产负债表					单位金额：元
2	项目	年初金额	年末金额	项目	年初金额	年末金额
3	流动资产：			流动负债：		
4	货币资金	280 650	612 600	短期借款	200 000	300 000
5	交易性金融资产	0	0	交易性金融负债	0	0
6	应收票据	26 000	260 000	应付票据	480 000	360 000
7	应收账款	340 000	846 630	应付账款	515 412	865 900
8	预付账款	360 000	483 000	预收账款	121 150	126 380
9	应收股利	0	0	应付职工薪酬	531 000	872 350
10	应收利息	0	0	应交税费	156 320	156 320
11	其他应收款	75 000	86 000	应付股利	143 460	143 460
12	存货	2 419 832	2 016 830	其他应付款	210 000	130 000
13	流动资产合计	3 501 482	4 305 060	其他流动负债	2 000	1 000
14	非流动资产：			流动负债合计	2 359 342	2 955 410
15	可供出售的金融资产	0	0	非流动负债：		
16	长期应收款	0	0	长期借款	2 500 000	2 300 000
17	长期股权投资	0	0	应付债券	0	
18	固定资产	6 400 000	5 850 000	递延所得税负债	21 340	18 650
19	在建工程	73 000	125 000	其他非流动负债	0	
20	工程物资		0	非流动负债合计	2 521 340	2 318 650
21	固定资产清理		0	负债合计	4 880 682	5 274 060
22	无形资产	41 000	180 000	所有者权益：		
23	商誉		0	股本	5 000 000	5 000 000
24	长期待摊费用			资本公积	16 000	17 800
25	递延所得税资产	73 200	23 800	盈余公积	160 000	180 000
26	其他非流动资产			未分配利润	32 000	12 000
27	非流动资产合计	6 587 200	6 178 800	股东权益合计	5 208 000	5 209 800
28	资产总计	10 088 682	10 483 860	负债及股东权益合计	10 088 682	10 483 860

图 7-12　2016 年资产负债表

【分析思路】建立新的工作表“资产负债表趋势分析模型”，利用 2016 年资产负债表中的数据资料和 2018 年资产负债表数据资料进行趋势分析，趋势分析数据中一般采用环比法。所谓环比法就是指相邻两期中本期的数据和上一期的数据进行对比计算出各项目的增减额和增减的百分比。具体操作步骤如下：

（1）在“资产负债表分析”工作簿中新建一张工作表，命名为“2015—2018 年资产负债表”，编制 2015—2018 年资产负债表。

（2）在“资产负债表分析”工作簿中新建一张工作表，命名为“资产负债表趋势分析模型”。

（3）在模型中单元格 B5 输入公式“='2015—2018 年资产负债表'! C4-'2015—2018 年资产负债表'! B4”。

（4）在模型中单元格 C5 处输入公式“=B5/'2015—2018 年资产负债表'! B4”。

（5）在模型中单元格 D5 处输入公式“='2015—2018 年资产负债表'! D4-'2015—2018 年资产负债表'! C4”。

（6）在模型中单元格 E5 处输入公式“=D5/'2015—2018 年资产负债表'! C4”。

（7）在模型中单元格 F5 处输入公式“='2015—2018 年资产负债表'! E4-'2015—2018 年资产负债表'! D4”。

（8）在模型中单元格 G5 处输入公式“=F5/'2015—2018 年资产负债表'! D4”。

（9）按上述同样操作方法完成 I~N 列的操作，然后利用填充完成全部数据的计算。

将 C、E、G、J、L、N 列区域设置【单元格格式】中的【数字】为【百分比】型，小数点后保留两位。

完成上述操作步骤，即可得到如图 7-13 所示的分析结果。

2015--2018年资产负债表									单位金额：元
项目	2015年	2016年	2017年	2018年	项目	2015年	2016年	2017年	2018年
流动资产：					流动负债：				
货币资金	280 650	612 600	875 300	974 000	短期借款	200 000	300 000	300 000	10 000
交易性金融资产	0	0	0	0	交易性金融负债	0	0	0	0
应收票据	26 000	260 000	36 000	30 000	应付票据	480 000	360 000	360 000	420 000
应收账款	340 000	846 630	870 000	530 000	应付账款	515 412	865 900	865 900	892 600
预付账款	360 000	483 000	450 000	320 000	预收账款	121 150	126 380	126 380	153 200
应收股利	0	0	0	0	应付职工薪酬	531 000	872 350	531 000	872 000
应收利息	0	0	0	0	应交税费	156 320	156 320	156 320	165 000
其他应收款	75 000	86 000	83 000	25 000	应付股利	143 460	143 460	143 460	653 000
存货	2 419 832	2 016 830	4 500 600	6 452 000	其他应付款	210 000	130 000	150 000	634 020
流动资产合计	3 501 482	4 305 060	6 814 900	8 331 000	其他流动负债	2 000	1 000	2 000	1 880
非流动资产：					流动负债合计	2 359 342	2 955 410	2 635 060	3 891 700
可供出售的金融资产	0	0	0	0	非流动负债：				
长期应收款	0	0	0	0	长期借款	2 500 000	2 300 000	2 000 000	2 200 000
长期股权投资	0	0	0	0	应付债券	0		0	0
固定资产	6 400 000	5 850 000	5 850 000	6 075 000	递延所得税负债	21 340	18 650	18 650	32 300
在建工程	73 000	125 000	83 610	0	其他非流动负债	0		0	0
工程物资		0		0	非流动负债合计	2 521 340	2 318 650	2 018 650	2 232 300
固定资产清理		0		0	负债合计	4 880 682	5 274 060	4 653 710	6 124 000
无形资产	41 000	180 000	32 000	280 000	所有者权益：				
商誉		0			股本	5 000 000	5 000 000	8 000 000	8 000 000
长期待摊费用					资本公积	16 000	17 800	16 000	16 000
递延所得税资产	73 200	23 800	83 200	88 000	盈余公积	160 000	180 000	182 000	381 000
其他非流动资产					未分配利润	32 000	12 000	12 000	253 000
非流动资产合计	6 587 200	6 178 800	6 048 810	6 443 000	股东权益合计	5 208 000	5 209 800	8 210 000	8 650 000
资产总计	10 088 682	10 483 860	12 863 710	14 774 000	负债及股东权益合计	10 088 682	10 483 860	12 863 710	14 774 000

图 7-13　资产负债表趋势分析

另外，还可以根据 2015—2018 年资产负债表的资料，绘制企业资产、负债及所有者权益有关项目的变化图（折线图或柱状图），如图 7-14 所示。

下面以折线图为例，其操作步骤如下：

（1）点击【插入】选择【图表】中的【折线图】，根据分析要求选择不同类型的折线图。

（2）在打开的【折线图】中单击右键，选取【选择数据源】。

（3）在【选择数据源】对话框中，点击添加数据。

（4）在打开的编辑数据源对话框中，在图例系列中点击【添加】，分别从 2015—2018

年资产负债表中选取流动资产和非流动资产，同时在数据区域选取数据。

（5）在水平轴标签中通过编辑选取时间数据。

（6）完成后，点击【确定】，得到资产趋势折线图。

按上面的步骤操作同样可以得到负债及所有者权益趋势折线图。

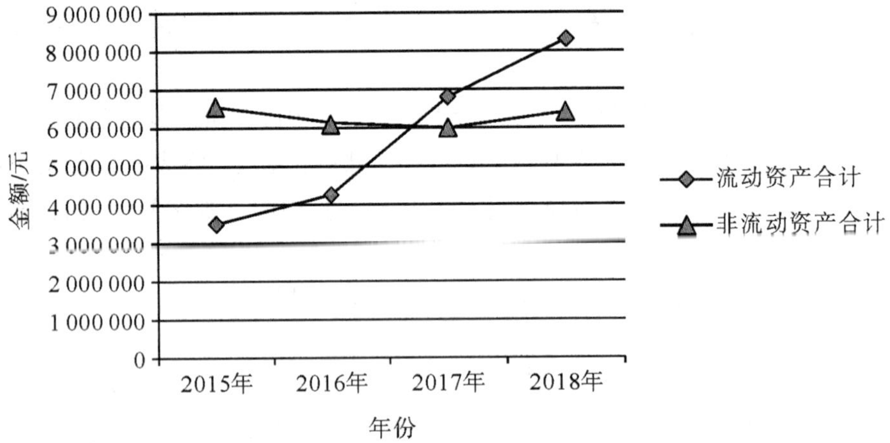

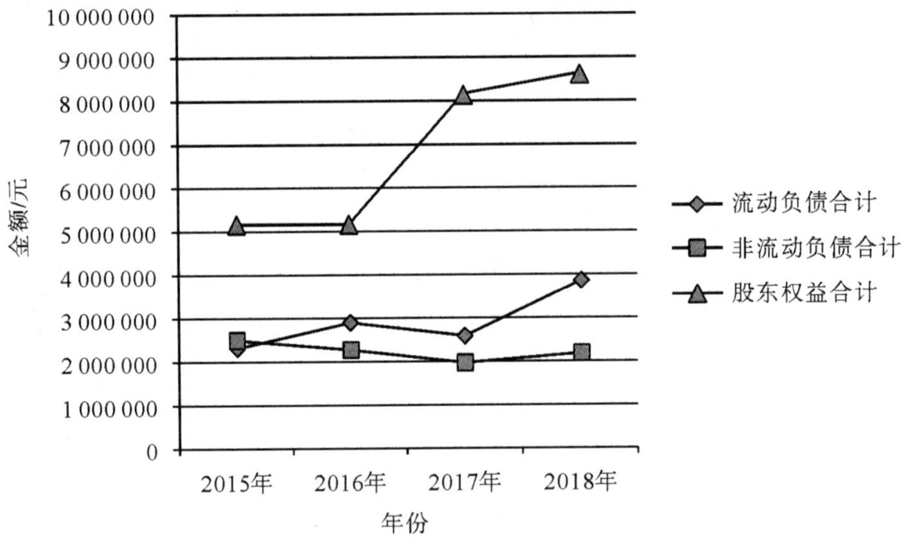

图 7-14　资产负债表趋势分析图

7.1.2.2　利润表的趋势分析模型

利润表趋势分析就是利用连续几期（3~5 期）利润表中的相关数据资料，对比分析企业经营成果状况及变化趋势，并在此基础上进一步分析企业经营成果发生变化的原因，以便企业更好地进行下一个循环的经营决策。

【例 7-6】假如 X 公司 2015—2018 年的利润表如图 7-15 所示。利用该资料对 X 公司的利润表进行趋势分析。

	A	B	C	D	E
1	2015--2018年利润表				
2					金额单位：元
3–4	项目	2015年	2016年	2017年	2018年
5	一、营业收入	3 197 000	3 280 000	3 850 000	5 600 000
6	减：营业成本	1 911 800	1 968 000	2 500 000	3 300 000
7	税金及附加	157 300	163 000	230 000	340 000
8	销售费用	52 800	54 620	78 000	81 000
9	管理费用	159 800	168 920	241 000	234 000
10	财务费用	34 800	31 800	46 200	52 000
11	资产减值损失	0	0	0	0
12	加：公允价值收益	0	0	0	0
13	投资收益	3 000	4 000	5 000	40 000
14	二、营业利润	883 500	897 660	837 800	1 633 000
15	加：营业外收入	10 500	38 120	34 000	65 300
16	减：营业外支出	8 700	12 850	18 700	16 000
17	三、利润总额	885 300	922 930	853 100	1 682 300
18	减：所得税	221 325	230 732.5	213 275	420 575
19	四、净利润	663 975	692 197.5	639 825	1 261 725
20	五、每股收益				
21	（一）基本每股收益				
22	（二）稀释每股收益				

图 7-15　利润表

【分析思路】根据 2016 年和 2018 年的利润表资料编制 2015—2018 年利润表，建立一个新的工作表命名为“利润表趋势分析模型”或“比较利润表”，然后利用各年利润表中的资料进行计算分析。具体操作步骤如下：

（1）打开“利润表分析”工作簿，新建一张工作表命名为“2015—2018 年利润表”，根据 2016 年和 2018 年的利润表编制 2015—2018 年利润表资料。

（2）在“利润表分析”工作簿中新建一张工作表，命名为“利润表趋势分析模型”。

（3）在“利润表趋势分析模型”工作表中，单元格 F6 输入公式“F6=C6-B6”，“G6=F6/B6”。

（4）在“利润表趋势分析模型”工作表中，单元格 H6 输入公式“H6=D6-C6”，“I6=H6/C6”。

（5）在“利润表趋势分析模型”工作表中，单元格 J6 输入公式“J6=E6-D6”，“K6=J6/D6”。

（6）利用自动填充柄，完成其余表内数据的计算。

（7）选中百分比各列的数字区域，设置【单元格格式】中【数字】为【百分比】型，小数点保留两位。

在上述分析的基础上，同样可以绘制收入、成本、利润趋势图，如图 7-16 和图 7-17 所示。

利润表趋势分析模型（比较利润表）

金额单位：元

项目	分析年份				比上一年增减变化					
	2015	2016	2017	2018	2016		2017		2018	
					增减额	增减%	增减额	增减%	增减额	增减%
一、营业收入	3 197 000	3 280 000	3 850 000	5 600 000	83 000	2.60%	570 000	17.38%	1 750 000	45.45%
减：营业成本	1 911 800	1 968 000	2 500 000	3 300 000	56 200	2.94%	532 000	27.03%	800 000	32.00%
税金及附加	157 300	163 000	230 000	340 000	5 700	3.62%	67 000	41.10%	110 000	47.83%
销售费用	52 800	54 620	78 000	81 000	1 820	3.45%	23 380	42.80%	3 000	3.85%
管理费用	159 800	168 920	241 000	234 000	9 120	5.71%	72 080	42.67%	-7 000	-2.90%
财务费用	34 800	31 800	46 200	52 000	-3 000	-8.62%	14 400	45.28%	5 800	12.55%
资产减值损失	0	0	0	0	0					
加：公允价值收益	0	0	0	0	0					
投资收益	3 000	4 000	5 000	40 000	1 000	33.33%	1 000	25.00%	35 000	700.00%
二、营业利润	883 500	897 660	837 800	1 633 000	14 160	1.60%	-59 860	-6.67%	795 200	94.92%
加：营业外收入	10 500	38 120	34 000	65 300	27 620	263.05%	-4 120	-10.81%	31 300	92.06%
减：营业外支出	8 700	12 850	18 700	16 000	4 150	47.70%	5 850	45.53%	-2 700	-14.44%
三、利润总额	885 300	922 930	853 100	1 682 300	37 630	4.25%	-69 830	-7.57%	829 200	97.20%
减：所得税	221 325	230 732.5	213 275	420 575	9 407.5	4.25%	-17 457.5	-7.57%	207 300	97.20%
四、净利润	663 975	692 197.5	639 825	1 261 725	28 222.5	4.25%	-52 372.5	-7.57%	621 900	97.20%
五、每股收益										
（一）基本每股收益										
（二）稀释每股收益										

204年利润表 2016年利润表 利润表结构分析模型 利润表趋势分析模型

图 7-16　利润表趋势分析模型

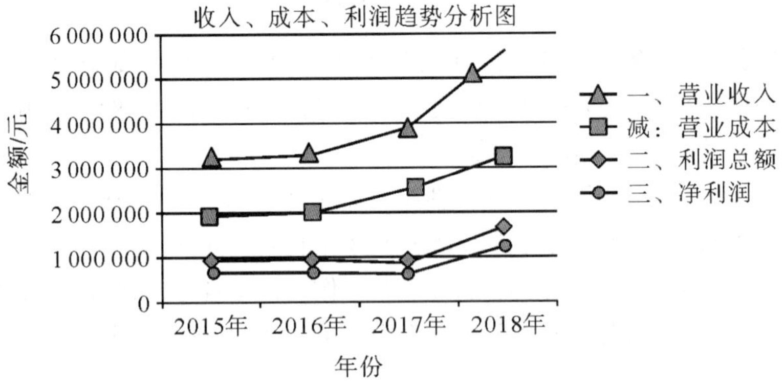

图 7-17　利润表趋势分析图

7.1.2.3　现金流量表的趋势分析模型

现金流量表的趋势分析就是利用连续几期（3~5 期）现金流量表中的相关数据资料，对比分析企业各种经济活动产生的现金流量的变动趋势的一种分析方法。企业也可以在此基础上进一步分析现金流量发生变化的原因，以便更好地进行下一个循环的经营决策。

【例 7-7】对 X 公司 2016—2018 年的现金流量表的发展趋势进行分析。

【分析思路】建立新的工作表，将其命名为“现金流量表的趋势分析模型”，然后根据现金流量表中的资料，采用环比法计算各年较上年的增减额和增减百分比。具体操作步骤如下：

（1）打开“现金流量分析”工作簿，新建一张工作表命名为“现金流量表趋势分析模型”。

（2）在“现金流量表趋势分析模型”中，复制现金流量数据，设计分析模型。

（3）在“现金流量表趋势分析模型”中，单元格 D5=C5-B5。

（4）在“现金流量表趋势分析模型”中，单元格 E5 =D5/B5，并设置【单元格格式】中【数字】为【百分比】型，保留两位小数。

（5）在“现金流量表趋势分析模型”中，单元格 G5 =F5-C5。

（6）在“现金流量表趋势分析模型”中，单元格 H5 =G5/C5，并设置【单元格格式】中【数字】为【百分比】型，保留两位小数。

（7）用自动填充选项完成其余数字的计算，结果如图 7-18 所示。

	A	B	C	D	E	F	G	H
1	现金流量表趋势分析模型							
2	项目	2016年	2017年			2018年		
3			金额	增加额	增减率%	金额	增加额	增减率%
4	一、经营活动产生的现金流量							
5	销售商品、提供劳务收到的现金	8 548 004	8 725 040	177 036	2.07%	7 544 800	-1 180 240	-13.53%
6	收到的税费返还	148 057	40 803	-107 254	-72.44%	308 048	267 245	654.96%
7	收到的其他与经营活动有关的现金	545 482	648 048	102 566	18.80%	480 805	-167 243	-25.81%
8	现金流入小计	9 241 543	9 413 891	172 348	1.86%	8 333 653	-1 080 238	-11.47%
9	购买商品、接受劳务支付的现金	4 051 005	5 401 080	1 350 075	33.33%	4 538 028	-863 052	-15.98%
10	支付给职工以及为职工支付的现金	2 534 216	2 800 653	266 437	10.51%	2 645 814	-154 839	-5.53%
11	支付的各项税费	652 378	680 540	28 162	4.32%	458 180	-222 360	-32.67%
12	支付的其他与经营活动有关的现金	284 931	315 215	30 284	10.63%	141 535	-173 680	-55.10%
13	现金流出小计	7 522 530	9 197 488	1 674 958	22.27%	7 783 557	-1 413 931	-15.37%
14	经营活动产生的现金流量净额	1 719 013	216 403	-1 502 610	-87.41%	550 096	333 693	154.20%
15	二、投资活动产生的现金流量						0	
16	收回投资所收到的现金	455 485	215 125	-240 360	-52.77%	451 255	236 130	109.76%
17	取得投资收益所收到的现金	871 521	515 253	-356 268	-40.88%	245 541	-269 712	-52.35%
18	处置固定资产、无形资产和其他长期资产所收到的现金净额外	54 642	511 434	456 792	835.97%	151 551	-359 883	-70.37%
19	处置子公司及其他营业单位收到的现金净额	0	0	0		0	0	
20	收到的其他与投资活动有关的现金	465 282	41 521	-423 761	-91.08%	315 215	273 694	659.17%
21	现金流入小计	1 846 930	1 283 333	-563 597	-30.52%	1 163 562	-119 771	-9.33%
22	购建固定资产、无形资产和其他长期资产所支付的现金	468 713	645 282	176 569	37.67%	243 510	-401 772	-62.26%
23	投资所支付的现金	4 200 000	450 000	-3 750 000	-89.29%	215 000	-235 000	-52.22%
24	支付的其他与投资活动有关的现金	131 251	152 550	21 299	16.23%	45 540	-107 010	-70.15%
25	现金流出小计	4 799 964	1 247 832	-3 552 132	-74.00%	504 050	-743 782	-59.61%
26	投资活动产生的现金流量净额	-2 953 034	35 501	2 988 535	-101.20%	659 512	624 011	1 757.73%
27	三、筹资活动产生的现金流量			0			0	
28	吸收投资所收到的现金	2 000 000	2 000 000	0	0.00%	1 000 000	-1 000 000	-50.00%
29	借款所收到的现金	230 000	340 000	110 000	47.83%	320 000	-20 000	-5.88%
30	收到其他与筹资活动有关的现金	0	0	0		0	0	
31	现金流入小计	2 230 000	2 340 000	110 000	4.93%	1 320 000	-1 020 000	-43.59%
32	偿还债务所支付的现金	380 000	515 355	135 355	35.62%	651 531	136 176	26.42%
33	分配股利、利润或偿付利息所支付的现金	1 350 000	1 300 000	-50 000	-3.70%	153 500	-1 146 500	-88.19%
34	支付的其他与筹资活动有关的现金	45 252	504 825	459 573	1 015.59%	535 465	30 640	6.07%
35	现金流出小计	1 775 252	2 320 180	544 928	30.70%	1 340 496	-979 684	-42.22%
36	筹资活动产生现金流量净额	454 748	19 820	-434 928	-95.64%	-20 496	-40 316	-203.41%
37	四、汇率变动对现金的影响额	0	0	0			0	
38	五、现金及现金等价物净增加额	-779 273	271 724	1 050 997	-134.87%	1 189 112	917 388	337.62%
39	加：期初现金及现金等价物	5 458 105	512 152	-4 945 953	-90.62%	458 121	-54 031	-10.55%
40	六、期末现金及现金等价物	4 678 832	783 876	-3 894 956	-83.25%	1 647 233	863 357	110.14%

图 7-18　现金流量趋势分析模型

7.2 基于 Excel 的财务比率分析

财务比率分析是把财务报表中的一些相关项目进行对比，得出一系列的财务比率，以发现和评价企业财务现状、揭示经营中存在问题的一种财务分析方法。

【任务描述】

以 X 公司 2003—2006 年的三大财务报表为例，运用财务比率分析法对企业的偿债能力、营运能力、盈利能力、发展能力进行分析，并建立相应的模型。

【任务目标】

（1）建立企业偿债能力分析模型。

（2）建立企业营运能力分析模型。

（3）建立企业盈利能力分析模型。

（4）建立企业发展能力分析模型。

【任务分析】

针对上述任务，根据 X 公司的三大财务报表数据，利用 Excel 的公式与函数，分别建立相应的分析模型。

【任务实施】

7.2.1 企业偿债能力分析模型

我们知道，企业的偿债能力分析包括短期偿债能力分析和长期偿债能力分析。所以，反映企业偿债能力的财务比率主要有两个方面：一是衡量企业短期偿债能力的指标，包括流动比率、速动比率和现金比率三项；二是衡量企业长期偿债能力的指标，包括资产负债率、权益乘数、产权比率和已获利息倍数等指标。

视频：财务比率分析模型

关于上述反映企业偿债能力财务比率指标的计算公式，我们已经学过，归纳如下：

流动比率（倍数）= 流动资产/流动负债

速动比率（倍数）= 速动资产/流动负债

现金比率（倍数）= 货币资产/流动负债

资产负债率 =（负债总额/资产总额）×100%

权益乘数（倍数）= 资产总额/股东权益总额

产权比率 =（负债总额/股东权益总额）×100%

已获利息倍数（倍数）=（利润总额+利息费用）/利息费用

【例 7-8】我们仍以 X 公司 2016 年的资产负债表和利润表的资料为例，试对该企业的偿债能力进行相关比率分析。

由于财务比率分析是利用已有的资产负债表和利润表资料进行计算分析的，所以在建立分析模型时，需要打开和使用本章前面的资产负债表和利润表，然后进行相关操作。为了方便起见，我们也可以把 2016 年的资产负债表和利润表复制到一个新的工作簿中，从而进行相关的财务比率分析。

【分析思路】新建一个工作簿，命名为“财务比率分析”，先将 2016 年的资产负债表和利润表分别复制到该工作簿的两个工作表中，表名分别命名为“2016 年资产负债表”和“2016 年利润表”。同时再建立一个新的工作表，命名为“财务比率分析模型——偿债能力分析”，填写好反映企业偿债能力的财务比率。具体操作步骤如下：

（1）新建一个 Excel 工作簿，命名为“财务比率分析”。

（2）先将 2016 年的资产负债表和利润表分别复制到该工作簿的两个工作表中，表名分别命名为“2016 年资产负债表”和“2016 年利润表”。

（3）在“财务比率分析”工作簿中新建一张工作表，命名为“财务比率分析——偿债能力分析”。

（4）在“财务比率分析——偿债能力分析”单元格 B5 输入公式“='2016 年资产负债表'！C13/'2016 年资产负债表'！F14”。

（5）在“财务比率分析——偿债能力分析”单元格 B6 输入公式“=（'2016 年资产负债表'！C13-'2016 年资产负债表'！C12）/'2016 年资产负债表'！F14”。

（6）在“财务比率分析——偿债能力分析”单元格 B7 输入公式“=（'2016 年资产负债表'！C4+'2016 年资产负债表'！C5）/'2016 年资产负债表'！F14”。

（7）在“财务比率分析——偿债能力分析”单元格 B9 输入公式“='2016 年资产负债表'！F21/'2016 年资产负债表'！C28”。

（8）在“财务比率分析——偿债能力分析”单元格 B10 输入公式“='2016 年资产负债表'！C28/'2016 年资产负债表'！F27”。

（9）在“财务比率分析——偿债能力分析”单元格 B11 输入公式“='2016 年资产负债表'！F21/'2016 年资产负债表'！F27”。

（10）在“财务比率分析——偿债能力分析”单元格 B12 输入公式“=（'2016 年利润表'！B9+'2016 年利润表'！B16）/'2016 年利润表'！B9”。

根据指标常规表达方式，分别设置【单元格格式】中【数字】项目为“数值”型或“百分比”型即可。

完成上述操作过程，即可得到偿债能力分析模型与结果，如图 7-19 所示。

	A	B
1	财务比率分析--偿债能力分析	
2		
3	财务比率名称	财务比率
4	一、短期偿债能力	
5	流动比率（倍数）	2.14
6	速动比率（倍数）	0.48
7	现金比率（倍数）	0.25
8	二、长期偿债能力	
9	资产负债率（%）	0.41
10	权益乘数（倍数）	1.71
11	产权比率（%）	0.71
12	已获利息倍数（倍数）	33.35

图 7-19　偿债能力分析模型与结果（一）

当然，为了更直观起见，在创建“财务比率分析模型——偿债能力分析”工作表时，可以先将偿债能力分析所需要的相关基础数据资料转填到该表上，建立“基本数据区域”，再建立“偿债能力分析区域”，进行相应的操作，这样就不必在计算过程中打开前面的资产负债表和利润表了，该模型与结果如图 7-20 所示。

	A	B	C	D	E
1	财务比率分析模型--偿债能力分析				
2	基础数据区域			分析区域	
3	项目	金额(元)		财务比率名称	财务比率
4	货币资金	974 000		一、短期偿债能力	
5	交易性金融资产	0		流动比率（倍数）	2.14
6	存货	6 452 000		速动比率（倍数）	0.48
7	流动资产合计	8 331 000		现金比率（倍数）	0.25
8	资产总额	14 774 000		二、长期偿债能力	
9	流动负债合计	3 891 700		资产负债率（%）	2.41
10	负债合计	6 124 000		权益乘数（倍数）	1.71
11	股东权益总额	8 650 000		产权比率（%）	0.71
12	财务费用（利息）	52 000		已获利息倍数（倍数）	25.26
13	利润总额	1 261 725			

图 7-20　偿债能力分析模型与结果（二）

7.2.2　企业营运能力分析模型

营运能力分析又称运营效率分析或经营能力分析，是用来反映企业经营资产的周转情况和资产管理效率的财务比率，所以也称作资产管理比率。反映企业营运能力的财务比率主要包括存货周转率、应收账款周转率、流动资产周转率和总资产周转率等。

营运能力分析所需要的数据来源于资产负债表和利润表等有关资料。其计算公式如下：

存货周转率（次数）= 营业成本/平均存货

应收账款周转率（次数）= 赊销收入总额/平均应收账款

流动资产周转率（次数）= 营业收入/平均流动资产

总资产周转率（次数）= 营业收入/平均总资产

资产保值增值率=（期末股东权益总额/期初股东权益总额）×100%

根据以上公式，结合前面的资产负债表和利润表资料，就可以建立企业营运能力分析模型进行相关分析了。

【例 7-9】现在我们仍以前面的资产负债表和利润表资料为例，对企业的营运能力进行分析。

同偿债能力分析一样，仍然需要打开和使用前面的资产负债表和利润表所在的工作表，直接调用表中的相关数据，然后进行相关操作。这里为简便起见，我们假定企业的销售收入均为赊销收入。

【分析思路】建立新的工作表并命名为“财务比率分析模型——营运能力分析”，填写好反映企业营运能力的相关财务比率。因为计算这些财务比率时需要运用相关资产的平均值，所以可以先计算这些资产的平均值，再按公式计算相关财务比率，据此建立模型（见图 7-22）。具体操作步骤如下：

（1）打开“财务比率分析”工作簿，新建一张工作表命名为“财务比率分析模型——营运能力分析”。

（2）根据营运能力指标体系建立“财务比率分析模型——营运能力分析模型”。

（3）在“财务比率分析模型——营运能力分析模型”单元格 B3 输入公式“=（'2016 年资产负债表'! B12+'2016 年资产负债表'! C12）/2”。

（4）用同样方法计算 B4 至 B6 单元格数额。

（5）单元格 B7，B8，B9，B10 单元格直接由资产负债表和利润表中的数值复制过来即可。

（6）在“财务比率分析模型——营运能力分析”单元格 B12 输入公式“=B10/B3”。

（7）在“财务比率分析模型——营运能力分析”单元格 B13 输入公式“=B9/B4”。

（8）在“财务比率分析模型——营运能力分析”单元格 B14 输入公式“=B9/B5”。

（9）在“财务比率分析模型——营运能力分析”单元格 B15 输入公式“=B9/B6”。

（10）在“财务比率分析模型——营运能力分析”单元格 B16 输入公式“=B7/B8”。

（11）根据常规表达方式，设置相应的单元格格式。

完成上述操作过程，即可得到如图 7-21 所示的结果。

	A	B
1	营运能力分析模型	
2	项目	数额（元）
3	平均存货	5 476 300
4	平均应收账款	700 000
5	平均流动资产	7 572 950
6	平均资产总额	13 818 855
7	期末股东权益总额	8 650 000
8	期初股东权益总额	8 210 000
9	营业收入	5 600 000
10	营业成本	3 300 000
11		比率
12	存货周转率（次数）	0.60
13	应收账款周转率（次数）	8.00
14	流动资产周转率（次数）	0.74
15	总资产周转率（次数）	0.41
16	资本保值增值率（%）	105.36%

图 7-21　营运能力分析模型与结果

在进行营运能力分析时，同样可以在“财务比率分析模型——营运能力分析”工作表上分别建立基本数据区域和分析区域，这样就不必再从资产负债表和利润表上提取数据了。

7.2.3　企业盈利能力分析模型

盈利能力分析也称获利能力分析。通俗地讲，就是指对企业赚取利润的能力的分析，这是企业内外各方面都十分关心的问题。反映企业盈利能力的主要财务指标包括营业利润率、成本费用利润率、总资产报酬率和净资产收益率等。

以上财务指标的计算公式如下：

营业利润率=（营业利润/营业收入净额）×100%

成本费用利润率=（利润总额/成本费用总额）×100%

总资产报酬率=（利润总额/平均总资产）×100%

净资产收益率=（净利润/平均净资产）×100%

根据上面的公式，结合企业资产负债表和利润表，我们可以运用 Excel 建立“企业盈利能力分析模型”进行相关分析。

【例 7-10】我们可以继续以前面资产负债表和利润表中的资料为例，对企业的盈利能力进行分析。

由于仍然需要应用资产负债表和利润表的资料，所以应继续打开和使用前述的资产负债表和利润表所在的工作表，直接调用表中的相关数据，进行相关操作。

【分析思路】建立新的工作表命名为“财务比率分析模型——盈利能力分析”，填写反映企业盈利能力的相关财务比率。具体操作步骤如下：

（1）打开“财务比率分析”工作簿新建一张工作表，命名为“财务比率分析模型——盈利能力分析”。

（2）在“盈利能力分析”工作表中按盈利能力指标设计分析模型。

（3）在“盈利能力分析”工作表中单元格 B3 输入公式“='2016 年利润表'！B13/'2016 年利润表'！B4”。

（4）在“盈利能力分析”工作表中单元格 B4 输入公式“='2016 年利润表'！B16/（'2016 年利润表'！B5+'2016 年利润表'！B6+'2016 年利润表'！B7+'2016 年利润表'！B8+'2016 年利润表'！B9）”。

（5）在“盈利能力分析”工作表中单元格 B5 输入“='2016 年利润表'！B16/（'2016 年资产负债表'！B28+'2016 年资产负债表'！C28）/2”。

（6）在“盈利能力分析”工作表中单元格 B6 输入“='2016 年利润表'！B18/（'2016 年资产负债表'！E27+'2016 年资产负债表'！F27）/2”。

（7）将计算结果的单元格格式中【数字】设置为【百分比】型。

完成上述操作过程即可得到如图 7-22 所示的模型与结果。

	A	B
1	财务比率分析模型——盈利能力分析	
2	分析指标	计算结果（%）
3	营业利润率	29.16
4	成本费用利润率	41.98
5	总资产报酬率	3.04
6	净资产收益率	3.74

图 7-22　盈利能力分析模型与结果

7.2.4　企业发展能力分析模型

企业的发展能力，也称企业的成长性，简单地讲就是通过将企业往期财务数据进行对比，反映企业的成长潜力。它是企业通过自身的生产经营活动，不断扩大积累而形成的发展潜能。企业能否健康发展取决于多种因素，包括外部环境、企业内在因素及资源条件等。

影响企业发展能力主要考察以下五项指标：营业收入增长率、资本保值增值率、总资产增长率、营业利润增长率和净利润增长率。

在分析过程中涉及的计算公式如下：

存货周转率（次数）= 营业成本/平均存货

应收账款周转率（次数）= 赊销收入总额/平均应收账款

流动资产周转率（次数）= 营业收入/平均流动资产

总资产周转率（次数）= 营业收入/平均总资产

资产保值增值率=（期末股东权益总额/期初股东权益总额）×100%

接下来根据资产负债表和利润表，应用 Excel 进行发展能力分析。

【例 7-11】我们可以继续以前面的资产负债表和利润表中的资料为例，对企业的发展能力进行分析。

【分析思路】建立新的工作表命名为“财务比率分析模型——发展能力分析”，在模型中直接引用工作簿中的相关数据，来计算反映企业发展能力的相关财务比率。具体操作步骤如下：

（1）打开“财务比率分析”工作簿，新建一张工作表并命名为“财务比率分析——发展能力分析模型”。

（2）建立一个“财务比率分析—发展能力分析模型”。

（3）在“财务比率分析—发展能力分析模型”单元格 B4 输入公式 =（'2013—2016 年利润表'！C5-'2013—2016 年利润表！B5）/'2013—2016 年利润表'！B5。

（4）在“财务比率分析—发展能力分析模型”单元格 B5 输入公式 =（'2013—2016 资产负债表'！H27. '2013—2016 资产负债表'！G27）/'2013—2016 资产负债表'！G27。

（5）在“财务比率分析—发展能力分析模型”单元格 B6 输入公式 =（'2013—2016 资产负债表'！C28-'2013—2016 资产负债表'！B28）/'2013—2016 资产负债表'！B28。

（6）在“财务比率分析—发展能力分析模型”单元格 B7 输入公式 =（'2013—2016 年利润表'！C17. '2013—2016 年利润表'！B17）/'2013—2016 年利润表'！B17。

（7）在“财务比率分析—发展能力分析模型”单元格 B8 输入公式 =（'2013—2016 年利润表'！C19-'2013—2016 年利润表'！B19）/'2013—2016 年利润表'！B19。

（8）按照上面步骤分别计算出 2015、2016 年相关能力指标（见图 7-23）。

	A	B	C	D
1	发展能力分析模型			
2		指标值（%）		
3	项目	2014年	2015年	2016年
4	销售收入增长率	2.60	17.38	45.45
5	股权资本率	0.03	57.59	5.36
6	总资产增长率	3.92	22.70	14.85
7	总利润增长率	4.25	-7.57	24.30
8	净利润增长率	4.25	-7.57	97.20

图 7-23　X 公司发展能力分析模型与结果

7.3　基于 Excel 的企业综合绩效评价分析

综合绩效评价是通过建立综合评价指标体系，对照相应行业评价标准，对企业特定经营期间的偿债能力、资产管理能力、盈利能力以及发展能力等进行综合评判。最主要的方法有沃尔综合评分法和杜邦分析法。

【任务描述】

以 X 公司财务报表资料为例，运用综合绩效评价方法对企业偿债能力、资产管理能力、盈利能力以及发展能力进行分析，并建立相应的模型。

【任务目标】

（1）建立沃尔综合评分分析模型。

（2）建立杜邦财务分析体系模型。

【任务分析】

针对上述任务，根据 X 公司的财务报表资料，利用 Excel 的公式与函数，分别建立沃尔综合评分法和杜邦分析法对应的模型。

【任务实施】

7.3.1 沃尔综合评分分析模型

1928 年，企业财务综合分析的先驱者之一亚历山大·沃尔在《信用晴雨表研究》和《财务报表比率分析》中提出了信用能力指数的概念，他选择了 7 个财务比率，即流动比率、产权比率、固定资产比率、存货周转比率、应收账款周转率、固定资产周转率和自有资金周转率，分别给定各指标的比重，然后确定标准比率（以行业平均数为基础），将实际比率与标准比率相比，得出相对比率，将此相对比率与各指标比重相乘，得出总评分。

视频：企业综合绩效评价模型

沃尔综合评分的基本原理是：把企业相关财务比率用线性关系结合起来，按不同财务比率对企业影响的大小，分别给定各自的分数比重（权数），然后通过与沃尔综合评分中的标准比率进行比较，确定各项指标的得分及总体指标的累计分数，从而对企业财务状况进行综合评价。

【例 7-12】我们可以继续以前面资产负债表和利润表中的资料为例，重点分析 2016 年财务报表，介绍沃尔综合评分法的模型创建及应用。

【分析思路】在新建“财务综合分析工作簿”中，打开一个工作表，命名为“沃尔综合评分分析模型”，然后按照沃尔综合评分法的基本原理，根据企业情况，选择我们需要的财务比率，赋予其相应的权数，并确定各项财务比率的标准值，编制出沃尔综合评分表。在应用沃尔综合评分法分析企业相关财务指标的过程中还需要建立一张企业财务情况表，将企业实际的各财务指标值与沃尔综合评分标准结合进行对比、调整，然后得出企业财务状况的一个综合评分。具体操作步骤如下：

（1）新建一个 Excel 工作簿，并命名为“财务综合分析”。

（2）在“财务综合分析”中新建一张工作表“沃尔综合评分模型”，录入相关评分值。

（3）录入最高评分、最低评分和每分比率的差公式。其中，最高评分 = 标准分值×

1.5，最低分值=标准分值×0.5，每分比率的差=（行业最高比率-标准比率）/（最高评分-标准评分）。

（4）根据公式，计算出最高评分、最低评分和每分比率的差的值。

（5）新建立一张工作表，命名为“财务情况评分模型”。

（6）根据“沃尔综合评分表”中的资料，在“财务情况评分表”中输入标准比率和每分比率的值。

（7）实际比率的值取自前面相关财务指标的计算。

（8）计算差异，其值=实际比率-标准比率。

（9）输入调整公式，其值=差异/每分比率。

（10）标准分值取自“沃尔综合评分表”。

（11）计算得分，其值=调整分+标准分值。

上述步骤操作完成后，即可得到企业财务情况评分（见图7-24和图7-25）。

	A	B	C	D	E	F	G
1	综合评分表						
2	指标	评分值	标准比率（%）	行业最高比率（%）	最高评分	最低评分	每分比率的差（%）
3	盈利能力：						
4	总资产报酬率	20	5.50	15.80	30	10	1.03
5	销售净利率	20	36.00	66.20	30	10	3.02
6	净资产收益率	10	4.40	22.70	15	5	3.66
7	偿债能力：						
8	自有资本比率	8	25.90	55.80	12	4	7.48
9	流动比率	8	96.70	253.80	12	4	39.28
10	应收账款周转率	8	290.00	960.00	12	4	167.50
11	存货周转率	8	800.00	3030.00	12	4	557.50
12	成长能力：						
13	销售增长率	6	2.50	38.90	9	3	12.13
14	净利增长率	6	10.10	51.20	9	3	13.70
15	总资产增长率	6	7.30	42.80	9	3	11.83
16	合计	100			150	50	

图7-24 沃尔综合评分分析模型与结果

	A	B	C	D	E	F	G	H
1	财务情况评分表							
2	指标①	实际比率（%）②	标准比率（%）③	差异④	每分比率⑤	调整分⑥	标准分值⑦	评分⑧
3	盈利能力：							
4	总资产报酬率	3.04	5.50	(2.46)	1.03	-2.39	20	17.61
5	销售净利率	22.53	36.00	(13.47)	3.02	-4.46	20	15.54
6	净资产收益率	3.74	4.40	(0.66)	3.66	-0.18	10	9.82
7	偿债能力：							
8	自有资本比率	58.5	25.90	32.60	7.48	4.36	8	12.36
9	流动比率	2.14	96.70	(94.56)	39.28	-2.41	8	5.59
10	应收账款周转率	800	290.00	510.00	167.50	3.04	8	11.04
11	存货周转率	60.26	800.00	(739.74)	557.50	-1.33	8	6.67
12	成长能力：							
13	销售增长率	45.45	2.50	42.95	12.13	3.54	6	9.54
14	净利增长率	97.2	10.10	87.10	13.70	6.36	6	12.36
15	总资产增长率	14.85	7.30	7.55	11.83	0.64	6	6.64
16	合计						100.00	107.18

图7-25 财务情况评分模型与结果

7.3.2 杜邦财务分析体系模型

杜邦分析最早由美国杜邦公司使用，故名为杜邦分析法。这是用来评价公司盈利能力和股东权益回报水平，从财务角度评价企业绩效的一种经典方法。其基本思想是将企业净资产收益率逐级分解为多项比率乘积，具有很鲜明的层次结构，有助于深入分析比较企业经营业绩。

杜邦财务分析体系是以净资产收益率为核心，将其分解为若干财务指标，利用各项财务指标间的关系，对企业综合经营理财及经济效益进行系统分析评价的方法。

我们知道，杜邦财务分析体系是一种分解财务比率的方法，杜邦财务分析模型如图 7-26 所示。

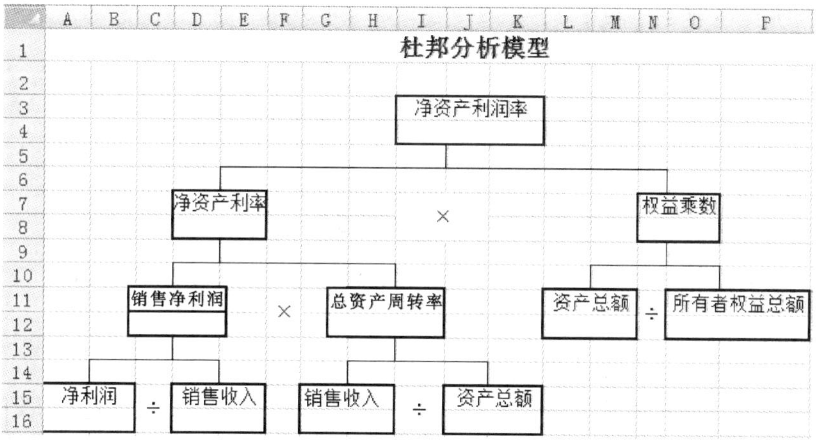

图 7-26 杜邦财务分析模型

根据图 7-26 中杜邦财务分析体系各指标之间的关系，我们可以利用 Excel 表进行相关操作。

杜邦财务分析体系各指标之间的具体关系如下：

销售净利率=净利润÷销售收入

资产周转率=销售收入÷资产总额

净资产利率=销售净利率×总资产周转率

权益乘数=资产总额÷所有者权益总额

净资产利润率=净资产利率×权益乘数

【例 7-13】我们可以继续以本章前面例题中企业的报表资料为例，利用杜邦财务分析体系，建立杜邦分析模型，进行相关分析。

杜邦分析体系不是建立新的指标体系进行财务分析，而是以净资产收益率（也称权益报酬率或权益净利率）为核心，通过对该指标的层层分解，建立起相关指标之间的内在联系，从而对企业经济效益及其原因进行系统分析与评价。所以在计算指标时应自下而上进行。

【分析思路】创建新的工作簿“财务综合分析工作簿”，打开一个工作表，命名为“杜邦分析体系模型”，然后按杜邦分析体系设计表格，并按设计好的表格样式在相应单元格位置输入公式。上述模型中各单元格具体操作步骤如下：

（1）净利润 A15 ='2016 年利润表'！B18。

（2）销售收入 C15 ='2016 年利润表'！B4。

（3）销售收入 E15 ='2016 年利润表'！B4。

（3）资产总额 G15=（'2016 年资产负债表'！B28+'2016 年资产负债表'！C28）/2。

（4）资产总额 H11=（'2016 年资产负债表'！B28+'2016 年资产负债表'！C28）/2。

（5）所有者权益总额 J11 =（'2016 年资产负债表'！E27+'2016 年资产负债表'！F27）/2。

（6）根据前面的公式，分别计算出相关指标。

完成上述操作过程，就可以得到如图 7-27 所示的模型与结果。

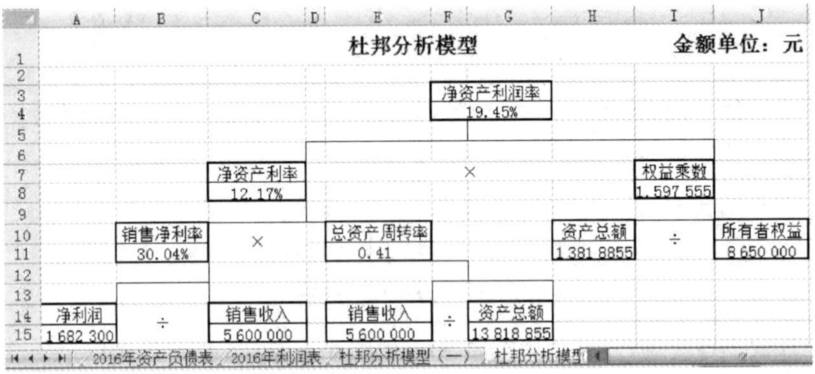

图 7-27 杜邦财务分析模型与结果

8 Excel 在财务管理中的应用

【知识目标】

（1）掌握投资决策的评价方法。

（2）掌握各个投资决策指标的计算方法。

【能力目标】

（1）掌握复利终值函数 FV、复利现值函数 PV、年金函数 PMT、净现值函数 NPV、内含报酬率函数 IRR 等函数的运用。

（2）能够熟练地建立简单的投资决策模型。

【思政目标】

（1）以认真审慎的态度进行投资决策。

（2）努力提升综合素养，并将理论结合实际，做好对综合素养要求较高的投资管理工作。

通过本章的学习，我们要掌握有关资金时间价值的财务函数，重点掌握 PV、FV、PMT、NPER 等函数的应用，建立资金时间价值分析模型；在掌握货币时间价值的基础上，了解投资决策的相关基础知识，重点掌握 NPV、IRR 等函数的运用，并熟练掌握在 Excel 上利用净现值法、内部报酬率法、现值指数法进行建模和应用，进而做出科学有效的投资决策。

【任务描述】

了解资金的时间价值相关概念和投资决策的相关知识，促使企业合理有效地利用资金，进而做出科学有效的投资决策。

【任务目标】

（1）建立资金时间价值分析模型。

（2）建立项目投资决策分析模型。

【任务分析】

针对上述任务，结合具体案例，利用 Excel 的公式与函数，分别建立相应的分析模型。

【任务实施】

8.1 Excel与资金时间价值分析模型

8.1.1 资金时间价值的概念与计算公式

所谓资金的时间价值是指一定量资金在不同时点上价值量的差额，也称为货币的时间价值。资金在周转过程中会随着时间的推移而发生增值，使资金在投入和收回的不同时点上价值不同，形成价值差额。资金时间价值的计算涉及两个重要的概念：现值和终值。现值又称本金，是指未来某一时间点上一定量现金折算到现在的价值；终值又称为将来值或者本利和，是指现在一定量现金在将来某一时间点上的价值。由于终值与现值的计算与利息的计算方法有关，而利息的计算有复利和单利两种，因此终值与现值的计算也有复利和单利之分。在筹资投资的过程中，财务人员必须充分了解资金的时间价值，这样可以促使企业合理有效的利用资金，并且有利于做出正确的投资决策。

（1）单利终值与现值。

单利是只对本金计算利息，即资本无论期限长短，各期的利息都是相同的，本金所派生的利息不再加入本金计算利息。

其终值的公式：$F=P+P\times n\times i=P\times(1+n\times i)$

其现值公式：$P=F/(1+n\times i)$

式中：P 为现值（本金），F 为终值（本利和），i 为利率，n 是计算利息的期数。

（2）复利终值与现值。

复利是指资本每经过一个计息期，都要将该期所派生的利息再加入本金，一起计算利息，俗称“利滚利”。计息期是指相邻两次计息的间隔，如年、季或月等。

其终值公式：$F=P(F/P, i, n)$

其现值公式：$P=F(P/F, i, n)$

式中：P 为现值（本金），F 为终值（本利和），i 为利率，n 是计算利息的期数。

（3）年金终值与现值。

年金是指一定时期内每期相等金额的系列收付款项。年金具有两个特点：一是每次收付金额相等；二是时间间隔相同。年金是在一定时期内每隔一段时间就必须发生一次收款（或付款）的业务，各期发生的收付款项在数额上必须相等。年金按每次收付款发生的时点不同可分为普通年金、即付年金、递延年金和永续年金四种形式。

①普通年金。

普通年金是指从第一期开始，在一定时期内每期期末等额收付的系列款项，又称后付年金。

其终值公式：$F=A\ (F/A,\ i,\ n)$，其中，$(F/A,\ i,\ n)$ 表示年金终值系数。

其现值公式：$P=A\ (P/A,\ i,\ n)$，其中，$(P/A,\ i,\ n)$ 表示年金现值系数。

式中：P 为现值（本金），F 为终值（本利和），A 为年金，i 为利率，n 是计算利息的期数。

②即付年金。

即付年金是指从第一期开始，在一定时期内每期期初等额收付的系列款项，又称先付年金。它与普通年金的区别仅在于付款时间不同，比普通年金多（1+i）期。

其终值公式：$F=A\ (F/A,\ i,\ n)\ (1+i)$

其现值公式：$P=A\ (P/A,\ i,\ n)\ (1+i)$

③递延年金。

递延年金是指距今若干期以后发生的系列等额收付款项。凡不是从第一期开始的年金都是递延年金。若从第 m 期开始，持续到 $m+n$ 期，其现值公式：$P=A\ (P/A,\ i,\ n)\ (P/F,\ i,\ m)$，或 $P=A\ (P/A,\ i,\ m+n)-A\ (P/A,\ i,\ m)$

递延年金终值计算方法与普通年金终值相同，与递延期长短无关。

④永续年金。

永续年金是指无限期等额系列收付的款项。永续年金因其没有终止时间，所以不存在终值的计算问题。永续年金现值的计算公式可通过普通年金现值的计算公式推导，当 n 趋向于无穷大时，永续年金现值的计算公式：$P=A/i$。

8.1.2 资金时间价值函数及模型

8.1.2.1 资金时间价值函数

（1）年金终值函数 FV（）。

函数表达式：FV（RATE，NPER，PMT，PV，TYPE）。

功能：在已知期数、利率及每期付款金额的条件下，返回年金终值数额。

视频：FV

说明：

①RATE 为各期利率，是一固定值。

②NPER 为总投资（或贷款期），即该项投资（或贷款）的付款期总数。

③PMT 为各期所应付给（或得到）的金额，其数值在整个年金期间（或投资期内）保持不变。PMT 通常包括本金和利息，但不包括其他费用及税款。如果忽略 PMT，则必须包括 PV 参数。

④PV 为现值，即从该项投资（或贷款）开始计算时已经入账的款项，或一系列未来付款当前值的累积和，也称为本金，如果省略 PV，则假设其值为零，并且必须包括 PMT 参数。

⑤TYPE 为数字 0 或 1，用以指定各期的付款时间是在期初还是期末，0 表示在期末，

1 表示在期初。如果省略 TYPE，则假设其值为零。在所有参数中，支出的款项表示为负数；收入的款项表示为正数。

【例 8-1】假设需要为一年后的某个项目预筹资金，现在将 4 000 元以年利率 6%，按月计息（月利率 6%/12 或 0.5%）存入储蓄存款账户中，并在以后 12 个月的每个月初存入 300 元，则一年后该账户的存款额等于多少？

具体操作步骤如下：

①新建一张工作表，设置表格格式并输入已知条件。

②选中 C7 单元格，通过【公式】选项卡的【函数库】组找到财务函数 FV，进入 FV 函数依次选中对应的参数，单击“确定”按钮，即可得出所求的值。

③年金终值模型如图 8-1 所示。

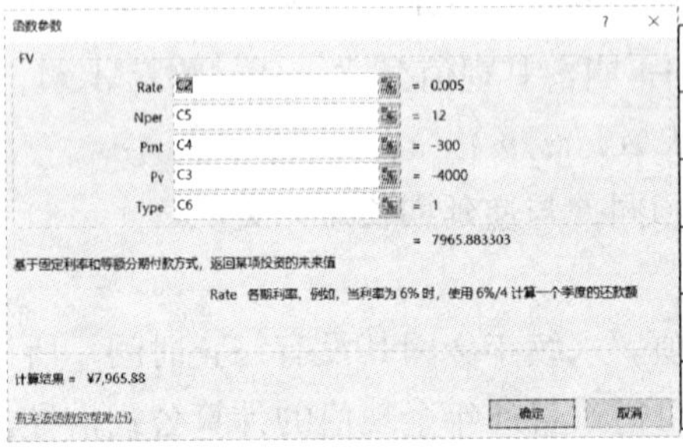

RATE	0.005
PV	-4 000
PMT	-300
NPER	12
TYPE	1
FV	¥7 965.88

图 8-1　年金终值模型

（2）年金现值函数 PV（）。

函数表达式：PV（RATE，NPER，PMT，FV，TYPE）。

功能：在已知期数、利率及每期付款金额的条件下，返回年金现值数额。

视频：PV

说明：RATE，NPER，PMT，FV，TYPE 等各参数含义及要求同 FV 函数。

【例 8-2】假如要购买一项保险年金，该保险可以在今后 20 年内于每月末回报 550 元。此项年金的购买成本为 60 000 元，假定年投资回报率为 10%。现在可以通过函数 PV 计算这笔投资是否值得。则该项年金的现值是多少？

具体操作步骤如下：

①新建一张工作表，设置表格格式并输入已知条件。

②选中 C3 单元格，通过【公式】选项卡的【函数库】组找到财务函数 PV，进入 PV 函数依次选中对应的参数，单击“确定”按钮，即可得出所求的值。

③年金现值模型如图 8-2 所示。

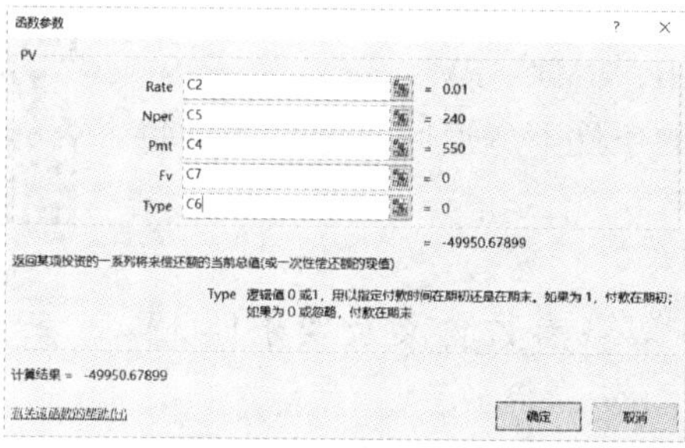

RATE	0.008 333 333
PV	¥ -56 993.54
PMT	550
NPER	240
TYPE	0
FV	0

图 8-2　年金现值模型

其结果为负值，因为这是一笔付款，即支出现金流。年金的现值（56 993.54 元）小于实际支付的值（60 000 元），因此不值得投资。

（3）年金函数 PMT（）。

函数表达式：PMT（RATE，NPER，PMT，PV，FV，TYPE）。

功能：在已知期数、利率及每期付款金额的条件下，返回年金现值数额。

说明：RATE，NPER，PMT，FV，TYPE，PV 等各参数含义及要求同 FV 函数。

视频：PMT

【例 8-3】假如需要以按月定额存款方式在 20 年中存款 65 000 元，假定存款年利率为 6%，问月存款额应为多少呢？

具体操作步骤如下：

①新建一张工作表，设置表格格式并输入已知条件。

②选中 C4 单元格，通过【公式】选项卡的【函数库】组找到财务函数 PMT，进入 PMT 函数依次选中对应的参数，单击“确定”按钮，即可得出所求的值。

③年金模型如图 8-3 所示。

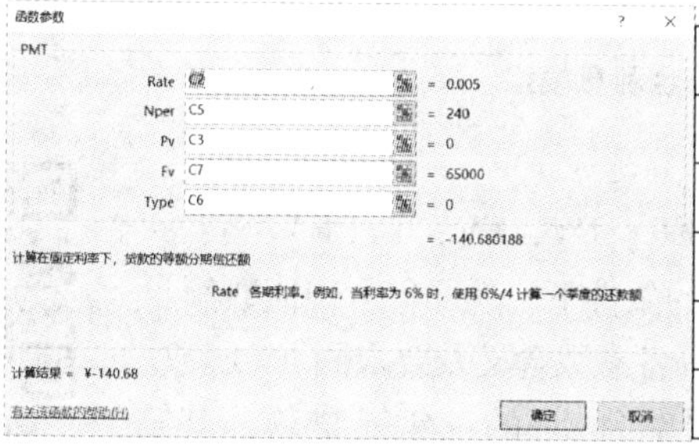

RATE	0.005
PV	0
PMT	¥ -140.68
NPER	240
TYPE	0
FV	65 000

图 8-3　年金模型

（4）年金中的利息函数 IPMT（）。

视频：IPMT

函数表达式：IPMT（RATE，PER，NPER，PMT，PV，FV）。

功能：在已知期数、利率及现值或终值的条件下，返回年金处理的每期固定付款所含的利息。

说明：

①RATE，PER，NPER，PMT，PV，FV 等各参数含义及要求同 FV 函数。

②PER 用于计算其利息数额的期次，必须在 1 到 NPER 之间。

③PV 为现值，即从该项投资（或贷款）开始计算时已经入账的款项，或一系列未来付款当前值的累积，也称为本金。

【例 8-4】某人在银行存入本金 9 000 元，存期为三年，年利率为 8%，则其第一个月的利息应该是多少?

具体操作步骤如下：

①新建一张工作表，设置表格格式并输入已知条件。

②选中 C8 单元格，通过【公式】选项卡的【函数库】组找到财务函数 IPMT，进入 IPMT 函数依次选中对应的参数，单击“确定”按钮，即可得出所求的值。

③年金利息模型如图 8-4 所示。

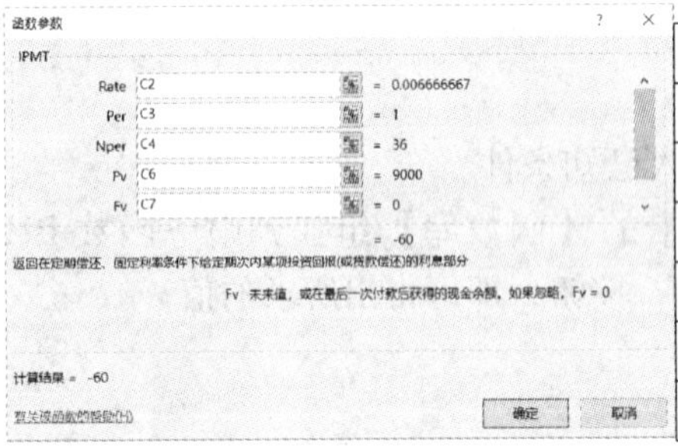

RATE	0. 006 666 667
PER	1
NPER	36
PMT	0
PV	9 000
FV	0
IPMT	¥ -60. 00

图 8-4　年金利息模型

（5）年金中的本金函数 PPMT（）。

视频：PPMT

函数表达式：PPMT（RATE，PER，NPER，PV，FV，TYPE）。

功能：在已知期数、利率及每期付款金额的条件下，返回年金现值数额。

说明：RATE，NPER，PMT，FV，TYPE 等各参数含义及要求同 FV 函数。

【例 8-5】某公司取得一笔 3 000 元年利率为 8%的三年期贷款，其第一个月的本金支付额是多少?

具体操作步骤如下：

①新建一张工作表，设置表格格式并输入已知条件。

②选中 C8 单元格，通过【公式】选项卡的【函数库】组找到财务函数 PPMT，进入 PPMT 函数依次选中对应的参数，单击“确定”按钮，即可得出所求的值。

③年金本金模型如图 8-5 所示。

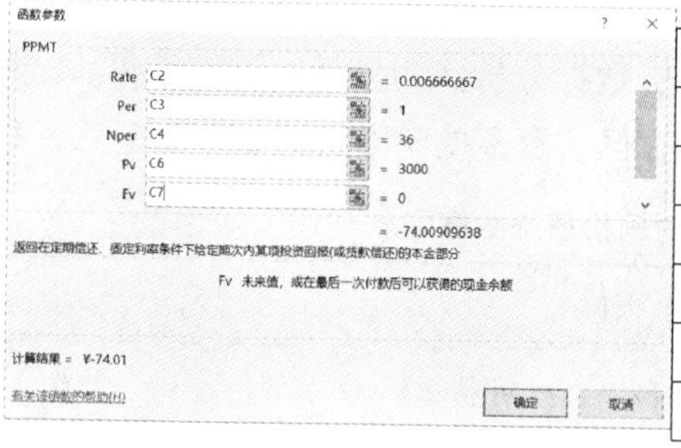

RATE	0. 006 666 667
PER	1
NPER	36
PMT	0
PV	3 000
FV	0
PPMT	¥ -74. 01

图 8-5　年金本金模型

（6）计息期函数 NPER（）。

函数表达式：PMT（RATE，PMT，PV，FV，TYPE）。

功能：返回每期付款金额及利率固定的某项投资或贷款的期数。

说明：RATE，PMT，PV，FV，TYPE 等各参数含义及要求同 FV 函数。

视频：RATE

（7）利率函数 RATE（）。

函数表达式：RATE（NPER，PMT，PV，FV，TYPE，GUESS）。

功能：在已知期数、每期付款金额及现值的情况下，返回年金的每期利率。

说明：

①NPER，PMT，PV，FV，TYPE 等各参数含义及要求同 FV 函数。

②guess 为预期利率（估计值）。如果省略预期利率，则假设该值为 10%。

【例 8-6】某人从银行取得金额为 5 500 元的 4 年期的贷款，月支付额为 100 元，该笔贷款的利率为多少？

具体操作步骤如下：

①新建一张工作表，设置表格格式并输入已知条件。

②选中 C2 单元格，通过【公式】选项卡的【函数库】组找到财务函数 RATE，进入 RATE 函数依次选中对应的参数，单击“确定”按钮，即可得出所求的值。

③利率模型如图 8-6 所示。

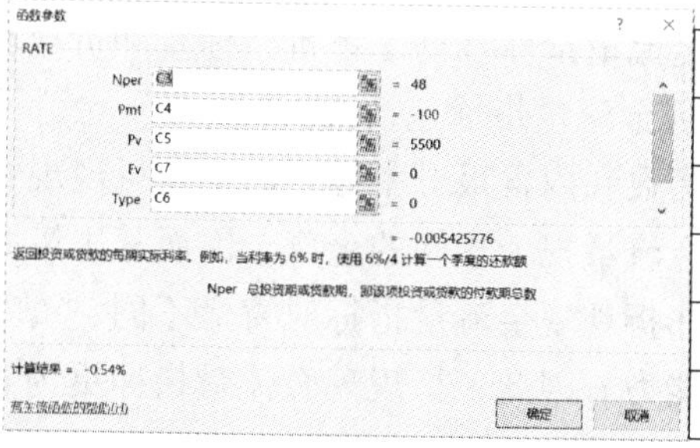

RATE	-0. 54%
NPER	48
PMT	-100
PV	5 500
TYPE	0
FV	0

图 8-6　利率模型

因为按月计息，故结果为月利率，年利率为：0. 54%×12＝6. 48%。

8.1.2.2 资金时间价值模型

【例 8-7】根据以上各函数的应用分析，建立综合资金时间价值函数模型。

其中，模型中的基本数据区为已知条件区，数据分析区为模型的计算结果。该模型用到以上介绍的各个函数，其所需数据来自基本数据区。资金的时间价值函数模型见表 8-1。

表 8-1 资金的时间价值函数模型

基本数据区			
利率(I)	0.1	期限(n)	6
终值(FV)	53 000	现值(PV)	25 000
年金(PMT)	3 650		
数据分析区			
名称	模型计算结果	名称	
复利现值(PV)	= PV(B3,D3,-B4)	普通年金现值函数(PV)	= PV(B3,D3,-B5)
复利终值(FV)	= FV(B3,D3,-D4)	普通年金终值函数 FV	=FV(B3,D3,-B5)
年偿债基金(PMT)	= PMT(B3,D3,-B4)	先付年金现值函数 PV	=PV(B3,D3,-B5,D4)
年资本回收额函数(PMT)	= PMT(B3,D3,-D4)	先付年金终值函数 FV	=FV(B3,D3,-B5,1)
偿还本金函数(PPMT)	= PPMT(B3,1,D3,-D4)	偿还利息函数 IPMT	=IPMT(B3,1,D3,-D4)

8.2 Excel 与项目投资决策分析模型

8.2.1 项目投资决策评价指标

项目投资决策评价指标可分为非折现现金流量指标（静态评价指标）和折现现金流量指标（动态评价指标）两大类。其中非折现现金流量指标包括投资回收期、会计平均收益率等。折现现金流量指标包括净现值、现值指数和内含报酬率等。由于非折现现金流量指标忽略了资本的时间价值，将不同时间的现金流量视为相同的金额，因而其决策结果夸大了投资的获利水平和资本的回收速度。同时非折现现金流量指标对寿命不同、资本投入的时间和获得收益的时间不同的方案缺乏鉴别能力。因此，折现现金流量指标更为实用，接下来重点介绍折现现金流量指标。

（1）净现值。

净现值（NPV）是指投资项目投入使用后的现金净流量按资本成本或公司要求达到的

报酬率折算为现值，再减去初始投资后的余额。其计算公式如下：

$$NPV = \sum (CI-CO) / (1+i)\hat{}t$$

式中：其中 CI 是未来现金净流量现值，CO 是原始投资额现值，i 是折现率，t 是期数。

利用净现值的决策规则是：如果在一组独立备选方案中进行选择，净现值大于零表示收益弥补成本后仍有利润，可以采纳；净现值小于零表明其收益不足以弥补成本，不能采纳。若在一组互斥方案中进行选择，则应采纳净现值最大的方案。

（2）现值指数。

现值指数（PI）是未来现金净流量的总现值与初始投资额现值的比率，又称为现值比率、获利指数等。其计算公式如下：

现值指数=未来现金净流量的总现值/投资额现值

现值指数指标进行项目选择的决策规则是：接受现值指数大于 1 的项目，放弃现值指数小于 1 的项目。在有多个互斥方案的选择决策中，选择现值指数最大的项目。

（3）内含报酬率。

内含报酬率（IRR）是指能够使未来现金流入量的现值等于现金流出量现值的折现率，或者说是使投资项目净现值为零的折现率。内含报酬率通常也称为内部收益率，其计算公式如下：

$$IRR = r1 + [(r2 - r1)/(|b| + |c|)] \times |b|$$

式中：$r1$ 是低贴现率，$r2$ 是高贴现率，$|b|$ 是低贴现率时的财务净现值绝对值，$|c|$ 是高贴现率时的财务净现值绝对值。

内含报酬率的决策规则：在只有一个备选方案的采纳与否决策中，如果计算出的内含报酬大于或等于公司的资本成本或必要报酬率，就采纳；反之，则拒绝。在多个互斥备选方案的选择决策中，选用内含报酬率超过资本成本或必要报酬率最高的项目。

8.2.2 项目投资决策评价指标对应函数及模型

8.2.2.1 净现值指标

（1）NPV 净现值函数。

语法表达式：NPV（rate，value1，value2,…）。

功能：在未来连续期间的现金流量 value1、value2 等，以及贴现率 rate 的条件下返回该项投资的净现值。

说明：

①value1、value2 等所属各期间的长度必须相等，而且支付及收入的时间都发生在期末。

②NPV 按次序使用 value1、value2 等来注释现金流的次序，所以一定要保证支出和收入数额按正确的顺序输入。

③如果参数是数值、空白单元格、逻辑值或表示数值的文字表达式，都计算在内；如

果参数是错误值或不能转化为数值的文字则被忽略。

④NPV 假定投资开始于 value1 现金流所在日期的前一期，并结束于最后一笔现金流的当期。NPV 依据未来的现金流计算。如果第一笔现金流发生在第一个周期的期初，则第一笔现金必须添加到 NPV 的结果中，而不应包含在 values 参数中。

【例 8-8】某企业的一个投资项目初始的投资额是 18 600 元（在年末支出），接下来 3 年，每年年末收回投资分别为 2 450 元、13 000 元、13 000元，假设贴现率为 10%，计算该项目的净现值。

视频：NPV

具体操作步骤如下：

①新建一张工作表，设置表格格式并输入已知条件。

②选中 B6 单元格，通过【公式】选项卡的【函数库】组找到财务函数 NPV，进入 NPV 函数依次选中对应的参数，单击“确定”按钮，即可得出所求的值。

③净现值模型如图 8-7 所示。

年贴现率	10%
一年前投资	−18 600
第一年的收益	2 450
第二年的收益	13 000
第三年的收益	13 000
NPV	¥3 761. 97

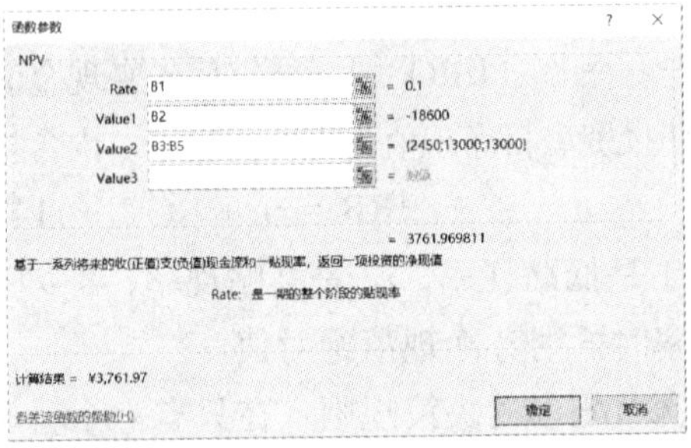

图 8-7　净现值模型

在操作过程中需要注意以下两点：

①初始投资支出及其他各期支出应加负号。

②函数 NPV 假定投资开始于 value1 现金流所在日期的前一期，并结束于最后一笔现金流的当期。函数 NPV 依据未来的现金流进行计算。如果第一笔现金流发生在第一个周期的期初，则第一笔现金必须添加到函数 NPV 的结果中，而不应包含在参数 values 中。

【例 8-9】某企业的一个投资项目初始的投资额是 18 600 元（在年初支出），接下来 3 年，每年年末收回投资分别是 2 450 元，13 000 元，13 000元，假设贴现率为 10%，计算该项目的净现值。

视频：NPV

具体操作步骤如下：

①新建一张工作表，设置表格格式并输入已知条件。

②选中 B6 单元格，通过【公式】选项卡的【函数库】组找到财务函数 NPV，进入 NPV 函数依次选中对应的参数，由于年初支出，B2 不作为净现值计算的参数，单击“确定”按钮，在净现值的基础上再加上 B2，公式为 NPV（B1，B3：B5）+B2，即可得出所求的值。

③净现值模型如图 8-8 所示。

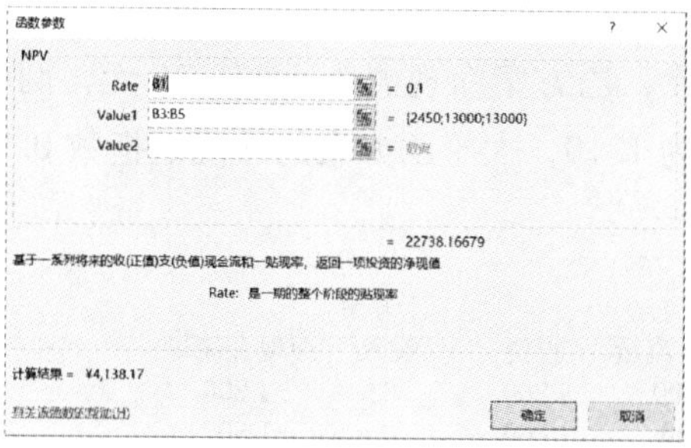

年贴现率	10%
一年前投资	-18 600
第一年的收益	2 450
第二年的收益	13 000
第三年的收益	13 000
NPV	¥4 138. 17

图 8-8　净现值模型

（2）净现值法分析模型。

用净现值法建立投资决策模型就是要建立净现值和净现值指数的计算公式，将具体数据输入到模型表中，利用 Excel 提供的函数和计算功能计算出各方案净现值和净现值指数的大小，从而确定最优投资方案。

【例 8-10】假设某企业有甲、乙两种投资方案，有关数据如图 8-9 所示。

年份	甲方案			乙方案		
	投资	收入	净现金流量	投资	收入	净现金流量
1	3 500	0		4 200	0	
2	950	0		1 800	0	
3	0	1 000		0	3 000	
4	0	2 500		0	3 000	
5	700	3 500		0	5 000	
6	0	3 000		1 200	3 000	
7	0	3 000		0	2 000	
8	0	3 000		0	1 000	

图 8-9　净现值法投资决策分析数据

具体操作步骤如下：

①定义模型有关项目间的勾稽关系。

净现金流量=现金流入（收入）-现金支出（投资）

净现值指数=净现金流量现值/投资总额现值

②确定模型中各有关单元格的公式。

甲方案：单击 D4 单元格输入公式“=C4-B4”，将此公式复制到 C5：C11 单元格区域，完成甲方案净现金流量的计算；单击 B12 单元格输入公式“=NPV（H4，B5：B11）+B4”；单击 D12 单元格输入公式“=NPV（H4，D5：D11）+D4”；单击 D13 单元格输入公式“=D12/B12”。

乙方案：单击 G4 单元格输入公式“=F4-E4”，将此公式复制到 G5：G11 单元格区域，完成甲方案净现金流量的计算；单击 E12 单元格输入公式“=NPV（H4，E5：E11）

+E4”；单击 G12 单元格输入公式“=NPV（H4，G5：G11）+G4”；单击 G13 单元格输入公式“=G12/E12”。

根据图 8-10，甲方案净现值为 5 349.19 元，乙方案净现值为 5 071.75 元，两方案净现值都大于 0，都可行。甲方案的净现值指数为 1.10，大于乙方案的净现值指数 0.77，所以甲方案优于乙方案。

年份	甲方案			乙方案		
	投资	收入	净现金流量	投资	收入	净现金流量
1	3 500	0	-3 500	4 200	0	-4 200
2	950	0	-950	1 800	0	-1 800
3	0	1 000	1 000	0	3 000	3 000
4	0	2 500	2 500	0	3 000	3 000
5	700	3 500	2 800	0	5 000	5 000
6	0	3 000	3 000	1 200	3 000	1 800
7	0	3 000	3 000	0	2 000	2 000
8	0	3 000	3 000	0	1 000	1 000
净现值	4 841.75		5 349.19	6 581.47		5 071.75
净现值指数			1.10			0.77

图 8-10　净现值法投资决策分析模型

一般情况下，当用净现值法分析投资决策时，净现值指标和净现值指数指标需要配合使用才能更准确地说明问题。当投资金额不等时，净现值的大小比较就失去了基础。因此，净现值大小的简单比较不能准确说明问题，这就需要用现值指数法。

8.2.2.2　现值指数指标

（1）现值指数函数。

现值指数又称为获利指数，是指投资项目经营期各年的净现金流量的总现值与原始投资现值总和之比，它反映了项目的投入与产出之间的关系。

其计算公式如下：

现值指数=经营期净现金流量现值之和/原始投资的现值之和

其函数表达式可以利用 NPV 净现值函数与 SUM 求和函数计算。

【例 8-11】某个投资项目，初始投资为 150 000 元（投资期年初支付），在随后的 5 年终，该项目的净收入分别为 25 000 元、28 000 元、36 000 元、43 000 元和 53 000 元，折现率为 12%，计算该项目的现值指数。

具体操作步骤如下：

①新建一张工作表，设置表格格式并输入已知条件。

②在 B8 单元格中输入计算净现值的公式：“=NPV（B7，B2：B6）/-B1”。

③现值指数法模型如图 8-11 所示。

项目的初始投资	-150 000
第1年净收入	25 000
第2年净收入	28 000
第3年净收入	36 000
第4年净收入	43 000
第5年净收入	53 000
折现率	12%
现值指数	0. 851 119

图 8-11　现值指数法模型

采用现值指数评价投资项目的基本准则是：现值指数大于或等于 1 的项目为可行项目，否则为不可行项目。如果将原始投资看作投资的成本，则该指标反映了每一元投资所创造的净现值。因此，现值指数是一个反映投资项目获利能力的相对指标。在多项目比较中，现值指数使得原始投资额不同的投资项目与有效使用期数不同的投资项目具有可比性。因此，现值指数在公司的投资决策分析中具有广泛的适用性。

（2）现值指数函数模型。

【例 8-12】已知如下数据（见图 8-12），计算现值指数。

期间（年）	A项目				B项目			
	流入	流出	净流量	现值	流入	流出	净流量	现值
0		10 000	-10 000	-10, 000. 00		8 000	-8 000	-8, 000. 00
1		8 000	-8 000	-6, 956. 52		5 000	-5 000	-4, 347. 83
合计		18 000	-18 000	-16, 956. 52		13 000	-13 000	-12, 347. 83
2	12 000	3 600	8 400		6 000	1 000	5 000	
3	12 000	3 600	8 400		8 000	1 000	7 000	
4	12 000	3 600	8 400		10 000	2 000	8 000	
5	12 000	3 600	8 400		8 000	1 500	6 500	
6	12 000	3 600	8 400		6 000	1 000	5 000	
合计	60 000	18 000	42 000	24, 485. 31	38 000	7 000	31 000	18, 350. 64
净现值				7, 528. 79				6, 002. 82
现值指数				1. 4 440				1. 4 861

图 8-12　现值指数法进行投资项目比较结果表

计算方法：选择 E15 单元格，输入公式“=ABS（E13/E7）”，复制到 I15 单元格中即可。

根据计算结果，A 项目的现值指数为 1. 444 0，B 方案的现值指数为1. 486 1，都大于 1，说明两个项目都是可取的，且 B 项目优于 A 项目。

现值指数法的主要优点在于考虑了货币时间价值，计算科学准确。同时以相对值表示各投资方案经济效益，便于在不同方案中选出最优方案。其主要缺点是根据期望投资回收报酬率计算项目经济效益，而未能计算投资项目本身的投资回收报酬率。

8. 2. 2. 3　内含报酬率指标

用内含报酬率法模型分析投资决策要建立内含报酬率和修正内含报酬率的计算公式，将具体数据输入到模型表中，利用 Excel 提供的函数和计算功能计算出各方案的内含报酬率，从而确定最优方案。

（1）内含报酬率函数。

语法表达式：IRR（values，guess）。

功能：返回连续期间的现金流量的内含报酬率。

说明：

① values 为数组或单元格的引用，包含用来计算内部收益率的数字。values 必须包含至少一个正值和一个负值，以计算内部收益率。IRR 根据数值的顺序来解释现金流的顺序，故应确定按需要的顺序输入了支付和收入的数值。如果数组或引用包含文本、逻辑值或空白单元格，这些数值将被忽略。

② guess 为对 IRR 计算结果的估计值。Excel 使用迭代计算 IRR。从 guess 开始，IRR 不断修正收益率，直至结果的精度达到 0.000 01%。如果 IRR 经过 20 次迭代，仍未找到结果，则返回错误值#NUM!。在大多数情况下，并不需要为 IRR 的计算提供 guess 值。如果省略 guess 值，假设它为 0.1（10%）。

【例 8-13】有一个项目初始的投资为 75 000 元，在随后的 5 年中每年的收益分别是13 000元、16 000 元、18 000 元、20 000 元、27 000 元，计算该项目的内含报酬率。

视频：IRR

具体操作步骤如下：

①新建一张工作表，设置表格格式并输入已知条件。

②选中 B7 单元格，通过【公式】选项卡的【函数库】组找到财务函数 IRR，进入 IRR 函数依次选中对应的参数，单击“确定”按钮，即可得出所求的值。

③内含报酬率模型如图 8-13 所示。

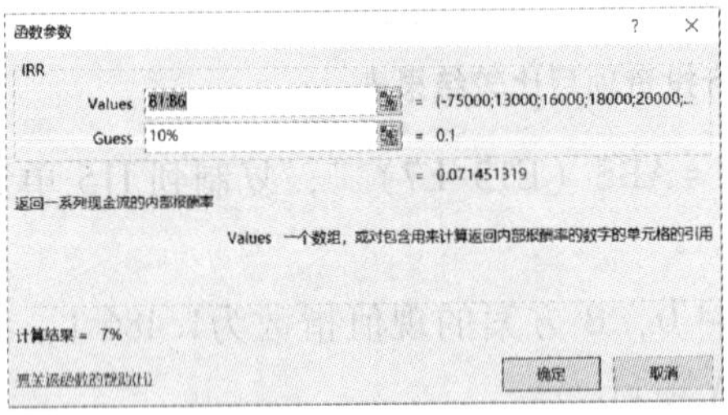

项目初期的投资支出	-75 000
第一年的净收入	13 000
第二年的净收入	16 000
第三年的净收入	18 000
第四年的净收入	20 000
第五年的净收入	27 000
IRR	7%

图 8-13　内含报酬率模型

（2）内含报酬率法投资决策分析模型。

内含报酬率法（也称为内部收益率法）是以内含报酬率作为评价投资项目的指标，因为内含报酬率反映了投资项目实际的年投资报酬率，所以采用内含报酬率评价投资项目的标准是：内含报酬率大于或等于投资者要求的收益率的项目为可行项目，投资者要求的收益率即为企业的资金成本率或企业设定的基准收益率。

在内含报酬率的计算过程中，把各年现金净流量按各自的内含报酬率进行再投资而形成增值，而不是将各投资方案的净现金流量按统一的资本市场上可能达到的报酬率进行再投资而形成增值。用该处理方法处理，如果资金市场上的报酬率有较大变动，且与计算所得内含报酬率有较大差异时，该方法的计算结果会有很大的不客观性。下面以实例介绍建立内含报酬率模型的方法。

【例 8-14】某企业现有 A、B 两个投资项目，用内含报酬率法比较两个投资项目（见图 8-14）。

视频：IRR分析模型

A、B投资方案比较							
			折现率	12%			
年份	0	1	2	3	4	5	内含报酬率
方案A的现金流量（元）	-98 000	30 000	35 000	28 000	38 000	45 000	21.70%
方案B的现金流量（元）	-45 000	22 000	16 000	18 000	16 000	12 000	27.99%

图 8-14 内含报酬率分析模型与结果表

具体操作步骤：

①新建一张工作表，设置表格格式并输入已知条件。

②选择 H4 单元格，输入公式“=IRR（B4：G4）”，往下拖动单元格，得到方案 B 的内含报酬率。

从内含报酬率指标看，B 项目优于 A 项目。

（3）修正内含报酬率模型。

修正内涵报酬率模型需要利用到 MIRR 函数，其功能是计算某一连续期间内的现金流的修正内部收益率，即返回在考虑投资成本以及现金再投资利率下一系列分期现金流的内部收益率。

语法公式：=MIRR（values，finance_ rate，reinvest_ rate）

说明：

①values 是指一个数组对数字单元格区域的引用，代表固定期间内一系列支出（负值）及收入（正值）。

②finance_ rate 是指现金流中投入资金的融资利率。

③reinvest_ rate 是指将各期收入净额再投资的报酬率。

【例 8-15】企业从银行贷款 220 000 元用于一项投资，该项贷款的利率是 12%，该投资项目未来 5 年的投资收益分别是 60 000 元、80 000 元、110 000 元、138 000 元和 160 000元，期间又将每年获得的收益以 14%的收益率进行再投资，计算该项目 3 年后修正的内部报酬率和 5 年后修正的内部报酬率。

具体操作步骤如下：

①新建一张工作表，设置表格格式并输入已知条件，在 B11 单位格中输入公式

“=MIRR(B2:B5,B9,B10)”，结果如图 8-15 所示。

②在 B12 单元格中输入公式“=MIRR（B2：B7，B9，B10）”，结果如图 8-16 所示。

年份	净收益
0	-220 000
1	62 000
2	81 000
3	110 000
4	138 000
5	165 000
220 000贷款的利率	12%
在投资的收益率	14%
3年后修正的内报酬率	9%

图 8-15　三年 MIRR 计算模型

年份	净收益
0	-220 000
1	62 000
2	81 000
3	110 000
4	138 000
5	165 000
220 000贷款的利率	12%
在投资的收益率	14%
3年后修正的内报酬率	9%
5年后修正的内报酬率	26%

图 8-16　五年 MIRR 计算模型

9 Excel 在应收账款管理中的应用

【知识目标】

（1）掌握建立并登记应收账款明细账和分析逾期应收账款的方法。

（2）掌握分析应收账款账龄的方法。

（3）掌握计算应收账款的坏账准备的金额的方法。

【能力目标】

能够熟练使用函数建立应收账款管理模型。

【思政目标】

（1）培养学生诚实守信、一诺千金的优良品质。

（2）认真履行岗位职责，强化业务技能。

【任务目标】

（1）建立并登记应收账款明细账。

（2）分析逾期应收账款。

（3）分析应收账款账龄。

（4）计算应收账款的坏账准备金额。

9.1 应收账款统计

9.1.1 建立应收账款明细账

在 Excel 中进行应收账款管理时，我们首先要将企业现有应收账款信息登记到工作表中，具体操作如下所示。

（1）建立应收账款管理工作表。

首先打开工作簿，将鼠标光标移至左下方 Sheet1 处，右击，在弹出的快捷菜单中选择“重命名”命令，输入“应收账款管理”。

（2）登记各项应收账款的相关信息。

针对各项应收账款，分别登记相关信息如下：应收账款产生日期（赊销日期）、客户（债务人）、单位名称、应收账款金额（赊销金额）、付款期限、应收账款到期日。

（3）登记应收账款的相关明细信息并输入企业现有应收账款详细信息（见图9-1）。

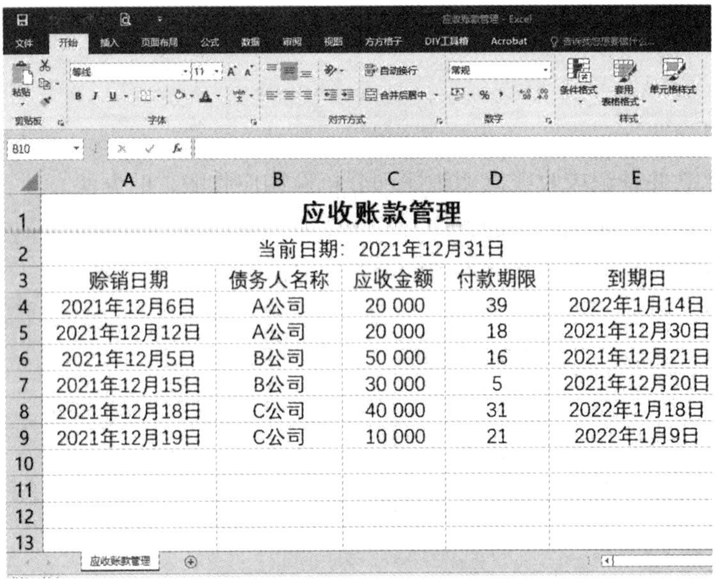

应收账款管理				
当前日期：2021年12月31日				
赊销日期	债务人名称	应收金额	付款期限	到期日
2021年12月6日	A公司	20 000	39	2022年1月14日
2021年12月12日	A公司	20 000	18	2021年12月30日
2021年12月5日	B公司	50 000	16	2021年12月21日
2021年12月15日	B公司	30 000	5	2021年12月20日
2021年12月18日	C公司	40 000	31	2022年1月18日
2021年12月19日	C公司	10 000	21	2022年1月9日

图9-1　应收账款管理信息

9.1.2　按债务人进行应收账款统计

各项应收账款登记完毕后，由于债务人众多，为了方便了解某一债务人所欠本公司款项的总额，我们可以利用Excel提供的数据透视表命令，针对不同债务人，对其所欠金额进行汇总。

视频：债务人应收账款统计

首先打开应收账款管理工作簿，在应收账款区域任选一个单元格，单击插入选项卡下面的数据透视表命令，保存到新的工作表，将工作表重命名为“债务人应收账款金额统计”（见图9-2）。

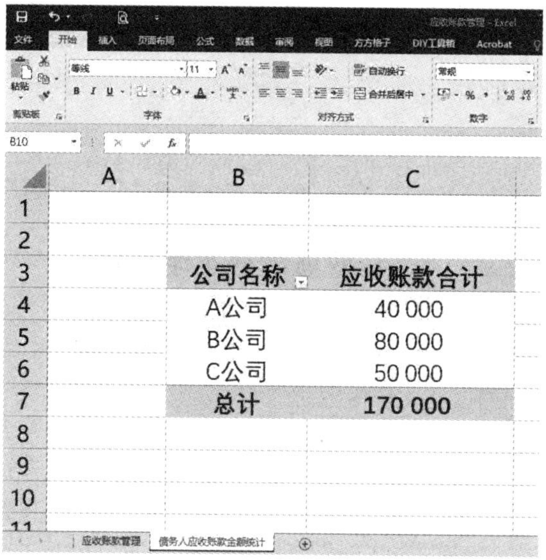

图 9-2　债务人应收账款金额统计

9.1.3　利用函数与图表统计各债务人的应收账款

（1）使用 SUMIF 函数统计各债务人的应收账款。

首先打开“应收账款管理”工作簿，插入一张工作表，重命名为“应收账款分类明细账”，建立如图 9-3 所示的明细账。单击选中 B4 单元格，输入公式“=SUMIF（应收账款管理！$B$4：$B$9，A4，应收账款管理！$C$4：$C$9）”（注意，公式中的符号为英文模式下的符号），按 Enter 键确认。将 B4 单元格中的公式复制到该列其他单元格中，则可快速计算出其他债务人的应收账款合计金额（见图 9-3）。

视频：应收账款统计

（2）建立图表，进行对比分析。

建立饼形图，饼形图可以更加直观地显示各债务人的应收账款占应收账款总额的百分比（见图 9-4）。

通过对比，我们可以看出，B 公司的债务占应收账款总额的 47%，必须对这个公司的应收账款进行重点管理。

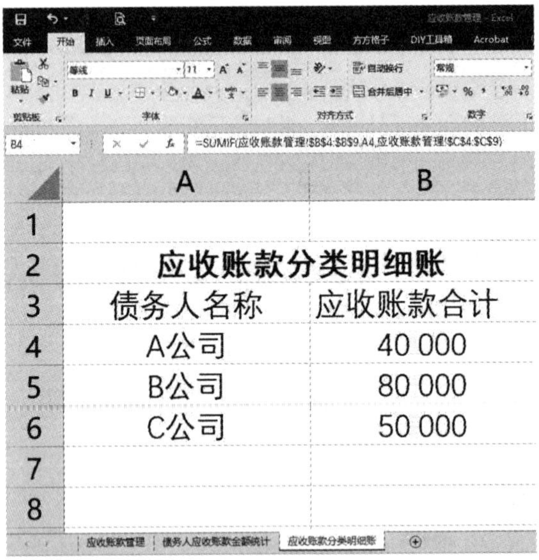

图 9-3　应收账款分类明细账

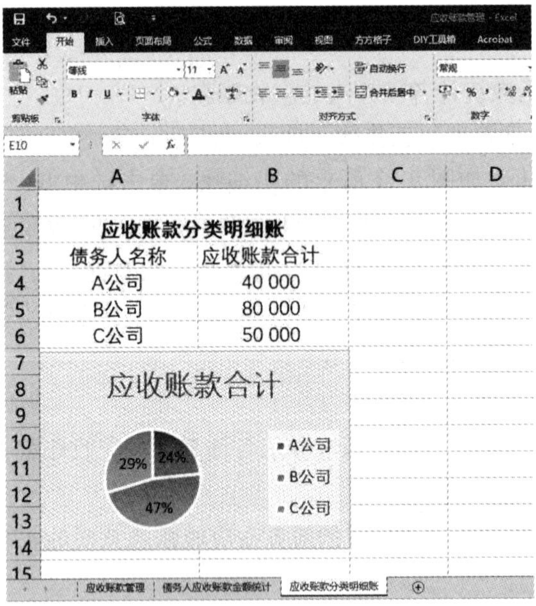

图 9-4　应收账款分类明细账

9.2 逾期应收账款分析

在登记应收账款时，我们要记录赊销日期和约定付款期限。当企业的应收账款数量较多时，一般于月底统计本期是否有应收账款到期，如果到期时应收账款尚未收款，该工作簿必须反映逾期天数，以便企业及时采取催收措施，降低坏账发生的可能性，降低企业应收账款的坏账成本。

9.2.1 分析应收账款是否到期

（1）建立“逾期应收账款分析”工作表。

在“应收账款管理”工作簿中新建工作表“逾期应收账款分析”。复制“应收账款管理”工作表中的数据到当前工作表中。为方便后文使用函数进行分析、判断，本例假设“当前日期”为“2021 年 12 月 31 日”，实际工作中可以使用函数“NOW”来确定当前日期（见图 9-5）。

视频：应收账款到期分析

（2）判断现有各项应收账款是否到期。

通过 IF 函数，我们可以判断现有各项应收账款是否到期。单击 H3 单元格，输入公式“=IF（G3<$C$1,"是","否"）”，将 H3 单元格的公式复制到该列其他单元格中，则可快速判断其他债务人所欠本企业的款项是否到期。注意，公式中的符号为英文模式下的符号。

（3）显示未到期金额。

单击 I2 单元格，输入“未到期金额”。单击 I3 单元格，输入公式“=IF（$C$1-$G3<0，$C3-$E3，0）”，将 I3 单元格的公式复制到该列其他单元格中，则可快速计算出其他债务人欠本企业的尚未到期的应收账款（见图 9-5）。注意，公式中的符号为英文模式下的符号。

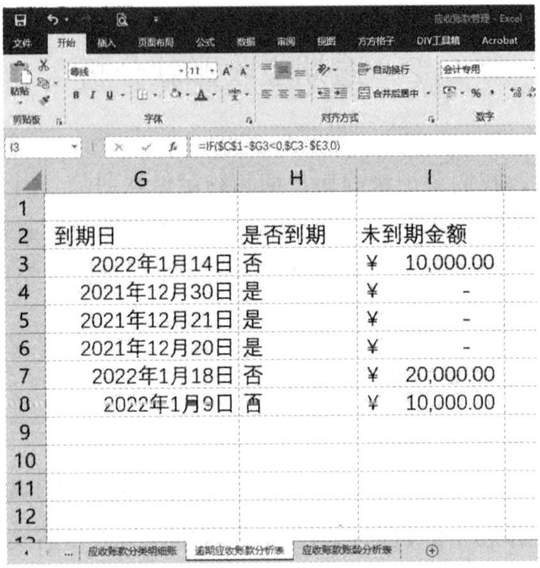

=IF($C$1-$G3<0,$C3-$E3,0)

	G	H	I
1			
2	到期日	是否到期	未到期金额
3	2022年1月14日	否	¥ 10,000.00
4	2021年12月30日	是	¥ -
5	2021年12月21日	是	¥ -
6	2021年12月20日	是	¥ -
7	2022年1月18日	否	¥ 20,000.00
8	2022年1月9日	否	¥ 10,000.00
9			
10			
11			
12			

图 9-5　逾期应收账款分析表

9.2.2　分析应收账款逾期天数

（1）设计逾期天数分析表。

在“逾期应收账款分析表”工作表的数据右侧建立“逾期天数分析表”，对逾期天数进行分类筛选，实际工作中，我们通常把逾期天数划分为不同等级，如“0～30”“31～60”“90 天以上”等。

视频：应收账款逾期分析

（2）使用 IF 函数分析逾期“0～30”天的应收账款。

单击选中 J3 单元格，输入公式“=IF（AND（$C$1-$G3>0，$C$1-$G3<=30），$C3-$E3，0）”，按 Enter 键确认。注意，公式中的符号为英文模式下的符号。

（3）使用 IF 函数分析逾期“31～60”天的应收账款。

单击选中 K3 单元格，输入公式“=IF（AND（$C$1-$G3>=31，$C$1-$G3<=60），$C3-$E3，0）”，按 Enter 键确认。注意，公式中的符号为英文模式下的符号。

（4）使用 IF 函数分析逾期“90 天以上”的应收账款。

单击选中 J3 单元格，输入公式“=IF（$C$1-$G3>90，$C3-$E3，0）”，按 Enter 键确认（见图 9-6）。注意，公式中的符号为英文模式下的符号。

根据应收账款逾期天数分析表所提供的信息，可使企业了解各债务人收款、欠款情况，判断欠款的可收回程度和可能发生的损失。同时，企业还可酌情采取放宽或紧缩商业信用政策，并可将其作为衡量负责收款部门和资信部门工作效率的依据。

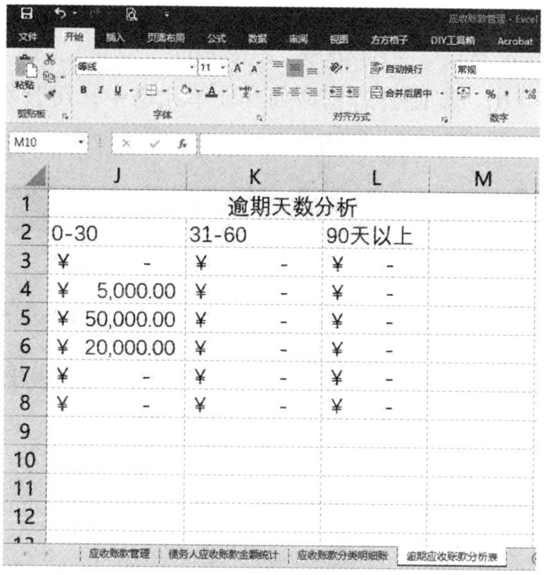

	J	K	L	M
1	逾期天数分析			
2	0-30	31-60	90天以上	
3	¥ -	¥ -	¥ -	
4	¥ 5,000.00	¥ -	¥ -	
5	¥ 50,000.00	¥ -	¥ -	
6	¥ 20,000.00	¥ -	¥ -	
7	¥ -	¥ -	¥ -	
8	¥ -	¥ -	¥ -	
9				
10				
11				
12				

图 9-6 逾期应收账款分析表

9.3 应收账款账龄分析

账龄是指债务人所欠本企业应收账款的时间。一般账龄越长，发生坏账损失的可能性就越大。所以账龄分析法是指根据应收账款的时间来估计坏账损失的一种方法，又称应收账款账龄分析法。

9.3.1 建立应收账款账龄分析表

（1）利用“逾期天数分析表”建立“应收账款账龄分析表”

在“应收账款管理”工作簿中单击新建工作表，并重命名为“应收账款账龄分析表”。单击 A1 单元格，输入“应收账款账龄分析表”。单击 A2 单元格，输入“当前日期”。单击 B2 单元格，输入“2021 年 12 月 31 日”。

视频：应收账款账龄分析

（2）计算各账龄所涉及的应收账款金额。

单击 B4 单元格，输入公式“=SUM（逾期应收账款分析表！I3：I8）”，按 Enter 键确认。我们可以引用“应收账款管理”工作表中的未到期金额汇总计算出截止到 2021 年 12 月 31 日，应收账款总额中尚未到期的应收账款金额，以此类推，对其余账龄的应收账款金额进行统计、汇总（见图 9-7）。

（3）计算各账龄所涉及的应收账款占应收账款总额的百分比

单击 C4 单元格，输入公式“=B4/B $8”，按 Enter 键确认，即可计算出未到期应收账款占应收账款总额的百分比。复制公式到该列其他单元格中，可计算出其他账龄所涉及的应收账款占应收账款总额的百分比（见图 9-7）。

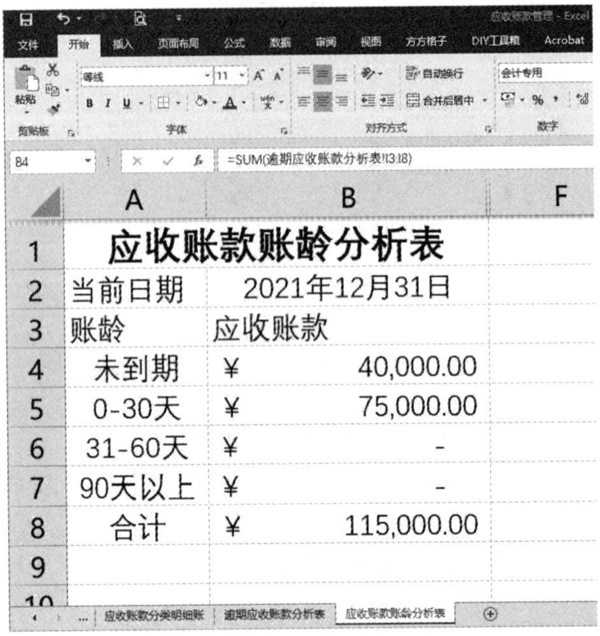

图 9-7　应收账款账龄分析表

9.3.2　计算应收账款的坏账准备金额

（1）估计坏账准备比例。

采用账龄分析法时，计算坏账准备比例就简单得多，通常账龄越长，发生坏账的可能性越大，估计的坏账准备比例就越高。根据历史经验，未到期的应收账款发生坏账的可能性是 0%，逾期“0~30 天”的应收账款发生坏账的可能性约为 1%，逾期“31~60 天”的应收账款发生坏账的可能性约为 3%，逾期“90 天以上”的应收账款发生坏账的可能性约为 10%，我们要将估计的坏账准备率分别输入单元格。实际工作中，企业可以根据历史经验进行估计。

（2）计算坏账准备金额。

单击 E3 单元格，输入“坏账准备金额”。单击 E4 单元格，输入公式“=B4 * D4”，按 Enter 键确认，将 E4 单元格的公式复制到该列已经逾期的其他单元格中，则可计算出各账龄所涉及应收账款产生的坏账准备金额（见图 9-8）。

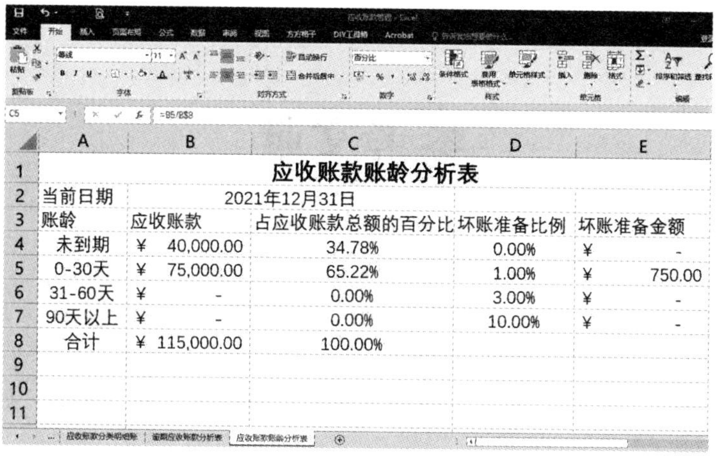

	A	B	C	D	E
1	应收账款账龄分析表				
2	当前日期	2021年12月31日			
3	账龄	应收账款	占应收账款总额的百分比	坏账准备比例	坏账准备金额
4	未到期	¥ 40,000.00	34.78%	0.00%	¥ -
5	0-30天	¥ 75,000.00	65.22%	1.00%	¥ 750.00
6	31-60天	¥ -	0.00%	3.00%	¥ -
7	90天以上	¥ -	0.00%	10.00%	¥ -
8	合计	¥ 115,000.00	100.00%		
9					
10					
11					

图 9-8 应收账款账龄分析表

参考文献

[1] 刘正兵，张惠芳，李永明. Excel 2016 在会计与财务管理中的应用 [M]. 北京：人民邮电出版社，2022.

[2] 崔婕，姬昂，崔杰. Excel 在会计和财务中的应用 [M]. 8 版. 北京：清华大学出版社，2022.

[3] 齐明霞. EXCEL 在会计与财务中的应用 [M]. 北京：中国人民大学出版社，2021.

[4] 吴强. Excel 在会计和财务中的应用 [M]. 北京：北京理工大学出版社，2016.

[5] 欧阳电平. 财务与会计数据处理：以 Excel 为工具 [M]. 北京：清华大学出版社，2017.

[6] 王顺金. 财务会计 Excel 实务 [M]. 北京：北京理工大学出版社，2015.

[7] 周颖. Excel 在财务中的应用 [M]. 上海：上海财经大学出版社，2017.

[8] 王大海. Excel 在财务管理中的应用 [M]. 上海：上海财经大学出版社，2015.

[9] 代芳. Excel 在财务中的应用 [M]. 武汉：武汉大学出版社，2013.

[10] Excel home. Excel2016 函数与公式应用大全 [M]. 北京：北京大学出版社，2018.

[11] Excel home. Excel2016 数据透视表应用大全 [M]. 北京：北京理工大学出版社，2018.

[12] Excel home. Excel2013 高效办公：会计实务 [M]. 北京：人民邮电出版社，2016.

[13] Excel home. Excel2013 高效办公：财务管理 [M]. 北京：人民邮电出版社，2016.